JORGE PARRA

DE MIS HIJOS, APRENDÍ

212 historias para enamorarte de la paternidad

De mis hijos aprendí
212 historias para enamorarte
de la paternidad
© 2021, Jorge Parra
Todos los Derechos Reservados

Autor: Jorge Parra
1.era edición: marzo de 2021
Edición: Lourdes Morales Balza
Ilustraciones: Eduardo Caruci
Diseño: Ernesto Cova

Hecho el depósito de Ley: DC2021000244
ISBN: 978-980-18-1766-6

A mis maestros Camila, Marcelo, Paulina y Bernardo.
Para Ale, porque su amor me hace inmensamente feliz.
A mi madre, porque «mamá es mamá».

Agradecimientos

Gracias, Euraní Carvajal, por siempre estar.

A Lourdes Morales, por hacer un
trabajo de edición impecable.

Muchas gracias, Maickel Melamed, por
meterme en esta aventura. Te quiero.

Miles de gracias, hermanito Eduardo
Caruci, por las ilustraciones.

Y a mi yo interno, por convencerme de que era posible.

Prólogo

Muchos de quienes vienen a mi consulta invierten millones de dólares así como su tiempo de vida en sus negocios y patrimonios. Pero cuando se habla de lo más importante, inmediatamente cambian de rostro, se llenan de una mezcla entre orgullo, miedo, incertidumbre y muchísima ternura al hablar de sus hijos. Los hijos y su proceso de formación. ¿Cómo hacerlo? ¿Cuánto tiempo y qué recursos invertir? La crianza es como el eslabón perdido, el enigma original, pues además lleva a muchos padres a sus propios orígenes y a la mayor profundidad para sus destinos.

La fábula siempre fue para mí uno de los métodos pedagógicos más efectivos. Llevarme a una aventura imaginaria y posteriormente relacionarla con mi propia aventura real para mí hace de la realidad algo muchísimo más apasionante y de la fantasía algo tremendamente más real. Siempre creo en lo real como medio para transformar la realidad.

Por ello mi pasión no solo por Jorge Parra y sus 100 nombres, sino por el método que desde su realidad ajusta la mirada a la nuestra, a una más alegre, divertida, sentida, efectiva y profunda, haciendo uso quizá de dos de las cosas más relevantes en la historia humana: ser padres y reír en el intento.

Sí, yo no he sido padre, pero además de haber tenido a los mejores, he visto llorar a muchos por no saber el camino a lo simple que pudiera ser acompañar a un hijo a amar su vida y a hacer de ella algo digno de ser amado.

Jorge lo sabe, lo vive, es su vocación, su profesión y su *hobby* al mismo tiempo. Sabe ser un papá profesional y sabe cómo disfrutar de esa profesión.

Cuando Jorge me fue narrando sus alegorías cotidianas, para mí eran grandes fábulas que me daban claves cercanas y me llenaban de la frescura típica de aquello que sabe a verdad. Por eso no pude más que agradecerle e invitarlo a que su genialidad no se quedara únicamente con él y sus allegados, porque llegan al corazón y nos hacen ir más lejos con lo que más nos importa: la siembra en nuestros hijos.

Te invito a este paseo por algo que parece fantasía pero que está a la vuelta de una página. Sí se puede ser feliz desde lo más simple y desde lo más sensible. Eso es lo que se muestra en cada relato y anécdota de esta obra, que, más que un libro, es el mapa del tesoro.

Pero shhhhhh, esto es entre Jorge, tú y yo...

Maickel Melamed

Presentación

Todos queremos que nuestros hijos sean felices, que nos amen, que se sientan orgullosos de nosotros. Todos queremos ser un papá perfecto. Y ser un padre perfecto es como pedir que el papá de las Kardashian se vuelva monja. No existe.

Déjame presentarme y hablarte un poco de mí para que puedas conocerme de antemano, porque las historias que relato en este libro son sobre mi vida, mis fracasos y aciertos como padre, hijo, pareja.

Mi nombre es Jorge Parra o Domingo Mondongo, que es mi nombre de payaso.

Principalmente, y ante todo, soy el papá de Camila, Marcelo, Paulina y Bernardo, soy el marido/novio de Ale. Ellos son mi fortaleza, mi alegría, mi patria, mi todo, los que le dan vida a mi vida.

Quiero que sepas que no vengo a hablarte de la paternidad porque me considere un ejemplo de padre a seguir, un tipo perfecto, alguien que tiene la receta mágica para hacerlo increíblemente bien. Solo soy un tipo normal, con incertidumbres y temores de si lo estaré haciendo bien, aprendiendo a superar el miedo a ser amoroso, con muchísimas ganas de ser mejor cada día, de dar todo para ser feliz haciendo felices a mis hijos, porque los amo con locura.

Generalmente los llamo por su diminutivo. Cami, que hoy tiene 13 años, y Marce, Marcelito o Marcelucho, que hoy día tiene 10, son hijos de mi primer matrimonio. Desde hace 16 meses viven con su mamá en Costa Rica.

Ale es mi mujer, pero me gusta decirle Novia, o la PeloChicha. Ella es la mamá de Pauli (3 años) y de Bernardo, que está por nacer. Te voy a poner entre paréntesis la edad de ellos en muchas historias, porque indudablemente no es lo mismo la ocurrencia de un niño a los 3 años que a los 13, y estas son historias que he recogido a lo largo de varios años y que hablan de mis hijos en distintas etapas de nuestras vidas. Completa la familia el Dragón, mi carro, un Renault Logan del año 2007 que, si bien le tengo mucho cariño, la realidad es que no lo he cambiado porque en Venezuela no hay carros.

Gracias a mis hijos aprendí a amar, a permitir que me amen, y poco a poco estoy aprendiendo a amarme. Gracias a ellos me reconocí valiente, claro que lleno de miedos, pero con la seguridad de que no es normal ser infeliz, que no podemos conformarnos con menos de lo que deseamos, que debemos vivir intensamente cada día.

Gracias a ellos he podido apreciar todos los esfuerzos que hizo mi madre, la cantidad de horas que trabajaba fregando pisos como señora de servicio; hasta tres casas llegó a atender para poder traer la comida a casa.

Gracias a mis hijos es que ahora le digo a mi madre cuánto le agradezco y cuánto la quiero todos los días.

Al leerme sabrás que soy argentino, porque está en mi ADN, de hecho, muchas veces verás que te digo vos (me suena más cercano que tú). Soy migrante porque no era feliz en mi país de origen, nunca le encontré la vuelta. Me fui porque la miseria se había transformado en mi compañera de vida, fuera a donde fuera. Económicamente peor no me podía ir, seguro. Detestaba con el alma el frío invernal, me paralizaba, me ponía de mal humor. No sabía dónde, pero en el mundo tenía que existir un lugar con un clima idóneo. Sentía un profundo deseo de conocer esos lugares que habían tatuado en mi cabeza tantos autores a través de sus relatos. Soy migrante porque quería vivir otras formas de pensar y ver el mundo.

Fui mochilero. Todo lo que tenía para salir a recorrer el mundo era mi pobreza monetaria, que era tanta que me hizo rico en saberes. Y soy venezolano porque quiero. No «porque quiero» de imponer, sino porque quiero a este país, porque me enamoré y lo hice mi lugar en el mundo.

Trabajo como conferencista y tallerista en el mundo empresarial llevando la filosofía del *clown*, la impro (improvisación teatral) y el *stand up* a través de un proyecto que llamamos Alegría Productiva, porque no tenemos la menor duda de que crear un ambiente de trabajo en el que los empleados se sientan alegres y comprometidos potencia tanto al trabajador como a la empresa.

Mi obsesión es reivindicar el oficio del humorista en la sociedad. Cada día estoy más convencido de que las herramientas del humor nos potencian como seres humanos, tanto cuando trasladamos los saberes comunicativos a nuestros oficios, como cuando aplicamos su filosofía para transformar nuestras vidas.

La manera de ver el mundo del *clown* converge totalmente con la del niño. A los dos nos encanta jugar, somos curiosos, las estupideces nos parecen cosas interesantísimas, necesitamos ser amados, queremos que nos presten atención y como no tenemos sentido del ridículo hacemos lo imposible para llamar la atención.

El *clown* moderno más que un personaje o una herramienta teatral es una filosofía de vida, una invitación a vivir desde la ternura, permitirte ser frágil, vulnerable. Es una forma de ver, entender y aceptar el mundo.

En el año 2005 fui uno de los tres fundadores de Doctor Yaso, el primer grupo de payasos de hospital de Venezuela, que presidí hasta el año 2017, cuando me retiré de la institución. En ese momento Doctor Yaso solo en Venezuela contaba con más de 4.000 mil voluntarios y tenía sedes en 5 países. También fundé Improvisto, un espectáculo de improvisación teatral con más de 15 años en los escenarios venezolanos y con presencia en Chile, España y México. Soy director ejecutivo y fundador de la Escuela de Humor, la primera institución en Hispanoamérica con tres diplomados en humor, *stand up comedy*, *clown* e improvisación teatral.

Soy hijo de un papá que recuerdo haber visto 4 veces en mi vida, pero gracias a él existo. Antes decía que mi mamá y mi papá eran mi madre, por más que ella nos acompañaba a mi hermanita (la Marita) y a mí cada día del padre a llevar el regalito que habíamos preparado en la escuela al cementerio o a adornar la tumba con flores para su cumpleaños.

Mi vieja estudió hasta primer grado, pero siempre quiso saber más. Recuerdo lo que se alegraba cuando una vez al mes le llegaban las lecciones de enfermería o de peluquería que aprendía esmeradamente por correo. «Estudien hijos, estudien, uno no sabe ni para qué, pero eso siempre sirve».

Viví mi infancia en Teodelina, Argentina, un pueblito de 10 cuadras por 10 en ese entonces, sin televisor, sin teléfono, así que lo que hacíamos era jugar.

Mi mamá nos crio con mucho esfuerzo a mi hermana y a mí, y cuidó de mi abuelo. Mi abuelo sufría arterioesclerosis, una enfermedad que hace que la gente divague. Para mí era algo genial, mi abuelo era mi juguete preferido. Él me decía: «Jorge, ve a buscar las vacas», y yo me subía a mi palo de escoba a buscarlas. Volvía, y el viejo empezaba: «¿Las encerró bien? ¿Están todas?» Yo: «Sí, sí». Y de repente el viejo soltaba una de esas frases que marcaban: «Recuerde, Jorge, no se debe mentir. Los pobres lo único que tenemos de valor es la palabra. Cuídela».

Todos estamos atravesados por frases, las recordemos o no. Frases, cuentos, historias que repican en nuestra mente. De algunas de ellas aprendemos, y de otras es obligatorio desaprender.

Mi madre, cuando se encontraba en una encrucijada ante la que no tenía claro si decirnos que sí o que no, nos repetía como un mantra: «Si te hace feliz, hacelo», y dejaba la toma de decisión en nosotros. Otra de las frases que usaba con mucha más parsimonia, con palabras que acariciaban nuestra alma, era: «Aprendan de todos, hijos, hasta de los animales debemos aprender. Y no esperen a que les enseñen, nosotros estamos obligados a aprender».

Algunas noches, al acostar a mis hijos, les preguntaba: «¿Qué aprendiste hoy en la escuela? ¿Y sabes para qué sirve?» Un día mi hijita, después de responderme, me dijo: «¿Y vos qué aprendiste hoy, papá?» Vacío total... pero segundos después repiquetearon nuevamente las palabras de mi madre: «Aprendan de todos, hijos, hasta de los animales debemos aprender. Y no esperen a que les enseñen, nosotros estamos obligados a aprender». Cuando nos creemos moralmente superiores, nos perdemos la posibilidad de aprender y simplemente queremos domesticar. Parte de estas historias son las que leerás en este libro.

No pretendo enseñarte nada, no te ofrezco lo que es correcto o incorrecto, jamás quisiera llegar a un consenso sobre qué debes hacer y lo prohibido, mucho menos juzgar qué es bueno y qué es malo.

Solo te muestro mi mundo a través de breves historias que no siguen un orden cronológico, van y vienen entre el espacio del recuerdo y del presente, para que tú veas qué te sirve, qué puede serte útil y también qué puede servirte porque te parece inútil.

No hay respuestas, incluso cuando lo parezca. Hay preguntas, solo preguntas. Porque no sos yo y mis devenires. Sos vos con tu pasado, buscando formar tu futuro.

Lo que busco es que, cuando te respondas esas preguntas, confíes en ti, te empoderes de la paternidad y te cagues un poco o mucho en los anticuados paradigmas sociales.

Podemos crear un mundo mejor, la humanidad ha evolucionado muchísimo gracias a que hemos decidido aprender de los aciertos y errores de los otros. El mundo está como está porque muchos no fuimos educados, fuimos adiestrados a los golpes. Y muchos de los que están en el poder mundial no solo han sido golpeados, incluso ellos han golpeado a sus hijos, los han maltratado verbalmente, solo para imponer su superioridad.

Acá voy, educando a mi niño interior, a este Jorgito que han y he maltratado. Acá estoy, aprendiendo de los que amo, de la sabiduría de la ignorancia. No tengo muchos tips, o recetas mágicas, solo te comparto mi camino. Ojalá te sea útil.

SOY
PAPÁ

1

Ayer leí una frase de Samuel Johnson: «Las grandes obras no son llevadas a cabo por la fuerza sino por la perseverancia». Mi obra más importante, el emprendimiento más maravilloso que tengo y el que más disfruto son mis hijos.

2

Cuando Marce tenía unos cinco años se encontró en la calle un palo que en un extremo tenía un pedazo de madera mal clavado.

—Hijo, deja eso.

—No, papá. Es mío.

—Marce, hijo, por favor... ¡deja esa porquería! ¿Qué es eso?

Y entonces agarró el palo como si fuera una metralleta: «Esto sirve para lanzar babosas». Luego lo tomó con las dos manos, como un hacha, y continuó: «También sirve para cortar un árbol o para hacer un pozo», remató agarrándolo como si fuera una pala.

Para mí era una porquería, porque no sabía qué era eso. Él no solo sabía qué era, si no para qué servía.

3

Hijo, acá estoy para protegerte

Mi hijo es una máquina de humillarme.

Para él soy viejísimo. La noche anterior le expliqué por qué era el día de la Independencia. Al día siguiente, Marce (5 años) les explica a la maestra y a sus compañeros. La maestra dice: «Tu papá sabe mucho, Marce». «Sííí, él era compañerito de Bolívar».

Un papá del colegio me dice cariñosamente: «Hola, boludo, ¿cómo está todo?» Marce me comenta:

—Papá, cuando sea grande, ¿puedo ser boludo como vos?

Sincero. Los dos orinando juntos:

—Papá, ¡ya tengo el pene grande como vos!

¡Coño, es verdad! ¡¿Pero tiene que decirlo?!

4

Generalmente, antes de dormir les leemos un cuento, un par de apapuches y a descansar, porque mientras ellos duermen todavía nos queda mucho trabajo por hacer. Pero hay días que necesito regalarme un rato acariciándolos y besándolos hasta que se duerman. Ayer me acosté con Marce hasta que se durmió, hoy me tocaba con Cami, pero él insistía en que lo acompañara. Entonces sentenció:

—Cami, cuando te duermas me avisas, así papá viene un ratito.

5

Yo tengo la misma suerte que usted. Mis hijos son más sensibles y humanistas que yo.

A todos nos hace feliz hacer feliz a otro. La felicidad se contagia.

Veníamos de pasar un momento difícil, todos estábamos preocupados. Decidí llevarlos a un parque a jugar, como para cambiar de aire.

Al llegar, Marce (5 años) se puso a luchar contra las babosas malvadas. Yo me senté en el banco. Cami (8 años), con un palo, rayaba el piso; su cabecita estaba en otro lado. Agarré un palo y me puse a dibujar al lado de ella. Se animó, pero no mucho.

—Hija, quiero verte contenta. ¿Qué puedo hacer?

—Si vos te reís, yo me pongo contenta.

Entonces río, hijos, porque los amo, porque todo niño merece un papá feliz.

6

Cuando tenía cerca de 9 años, me enamoré por primera vez. Era capaz de cualquier cosa por un beso de esa niña. Me echaba horas a mirar las estrellas esperando una fugaz para pedirle como deseo un beso de ella. Buscaba desesperado un trébol de cuatro hojas para pedirle lo mismo. Deshojaba margaritas para ver si me quería mucho poquito o nada. Hasta que encontré la solución, iba a misa y me ponía cerquita de ella, así me tenía que dar el besito de la paz. Ahora mi hijito andará en eso, ya tiene 9.

7

En el pasado los padres educaban gritando, golpeando, buscando que los niños les tuviesen miedo. Por suerte esto ya es cosa del pasado, y si no lo es, vamos a hacer lo imposible porque lo sea.

Hoy sabemos que un buen padre al hablar desde el cariño, desde la comprensión, logra mejores resultados. Eduquemos a nuestros hijos desde el amor, desde el placer de una sonrisa, y vamos a encontrar mejores resultados que aquellos que tienen como estrategia el autoritarismo y las sanciones.

Cuando soy sumamente feliz con mis hijos, es una alegría con los ojos húmedos.

Muchísimas veces, a las propuestas de los niños se les dice «no» o «eso es imposible». Generalmente, lo hacemos solo para imponer nuestra jerarquía, para mantener el orden, pero los privamos y nos privamos de entrar a un mundo desconocido. Es mucho más útil explicarles el peligro que representa la cocina prendida, que se pueden quemar si no están pendientes, y quedarnos atentos a lo que ellos hacen, ayudándolos, que decirles un simple «no» y ponernos a ver las redes sociales. Porque en algún momento lo van a experimentar y, si no estamos, o estamos en cualquier otro asunto, el peligro va a estar presente.

Cambiemos los «déjame que yo lo hago, que a vos no te sale» por los «la otra vez te salió bastante bien, así que vamos con todo que hoy lo aprendemos a hacer».

Nuestros hijos deben saber que la vida se debe vivir con ganas, con compromiso y entrega. Que poco a poco pueden ser independientes, que uno los trajo a este mundo para que vivan su vida, no para que sean simples transeúntes que dependen de otro, padre, pareja, como se llame.

10

La educación nuestra tiene que ser terrible, uno ve acciones *maravillosamentebellas* de la mayoría de niños y *malvadamentestúpidas* de muchos adultos.

Después de la teta, el alimento más nutritivo para nuestros niños es:

—Te quiero, hijo, tú puedes lograrlo.

11

Cuando estoy jugando con mis hijos, suelo cometer el brutal error de pensar «no estoy haciendo nada, con el montón de cosas que tengo que hacer».

¡Qué vaina...! Cuando realmente estoy haciendo un montón, estoy haciendo el amor, estoy siendo padre.

12

¡Hay un zamurito aleteando cerca de mi niña!

Ese muchachito no sabe lo que hace, me va a volver loco, se me van las sesiones de terapias enteras en el mismo tema. Ya llevo como dos botellas de cocuy pensando estrategias para hacer que echen a ese niño del colegio. Solo me calma un poco el saber que se acercan las vacaciones.

El muy muy se acercó a mi hija y le dijo: «¿Estás chateando con tu novio?»

Mira vos, ¡hasta estrategia tiene el carajiiiiitooo! Y la muy inocente hijita mía, responde: «No tengo novio». El galancito afiló sus garras: «No puedo creer que una niña tan bella no tenga novio».

En la actualidad, digo yo, con las variantes de respuestas que existen, mi bebecita de 10 años no podría haber dicho: «No, estoy chateando (lo cual era verdad)», o «No, hablo con el ogro de mi papá, que anda eufórico porque un chamo me dijo bella».

¡¿Y saben qué me da más arrechera?! Mi novia y Cami se ponen a hablar temas de mujeres mientras toman una limonada, las dos se ríen, disfrutan de la anécdota, cuando de repente suena como si viniera del más allá, retumba espeluznante, terrorífico, en mi cabeza la siguiente frase: «Es que son tan previsibles los varones cuando están enamorados».

0800Psicólogo, no; 0800Psiquiatra, no; 0800Manicomio, no; 0800NoLoPuedoCreer.

13

Yo sé que van a decir que todos los padres son igualitos, todos creen que su hijo es único y genial. Bueno, sí, dígalo. Pero a mí me saludó. Fue cuando teníamos 12 semanas de embarazados. En el preciso momento en que le apoyaron la brocha del eco, levantó la mano como quien dice «¡Épale! ¿Cómo está la vaina?»

Lo conté tímido, pensando que era una vaina *hippie* mía, alguna resaca retrasada de cocuy (hace rato no tomo, estoy preñado). ¡Nooooo, Ale había visto lo mismo! ¡Eh, oh, eh, salchicha con puré!!! Celebramos, nos besamos. La doctora nos comentó muy sonriente: «Es un pequeño movimiento, puede parecer un saludo». Ningún parecer, ningún.

¡¿Quéééé?! Él nos vio, nos reconoció, es más, nos estaba esperando, por eso nos saludó. ¡Te amamos, hijucho!

14

Los chamos aprenden enfrentando los desafíos que les pone la vida. Yo sé que a uno le da vértigo y por eso intentamos ayudarlos en todo. Pero hay que intentar controlarse, dejar que los niños cometan errores; también aprendemos cuando metemos la pata. Al equivocarse y volver a intentarlo, se va fortaleciendo su conocimiento. A futuro les va a ser útil en la vida. Con dejarle todo papita, lo único que ganamos es frenar su proceso de aprendizaje. Claro, como siempre, buscando un equilibrio, tampoco la boludez.

15

La paternidad me brinda la maravillosa oportunidad de vivir mi vida y ver la vida desde la más cercana visión de cada uno de mis hijos. Ser padre es darle vida a la vida.

La paternidad me brinda la posibilidad de ser el su-perhéroe, el genio, el ejemplo de las personitas que tanto amo. Ser padre no me hace más sabio, pero me obliga a querer serlo.

La paternidad me permite valorar todo aquello que pensaba que era una obligación de mi madre. Ser padre me enseñó a reconocer mis faltas, a tener el valor de co-rregirlas, a ser agradecido con la vida.

La paternidad me reencontró con el jugar por el simple placer de jugar, saberme vulnerable, curioso, tierno, maravillarme ante lo simple, ser rebelde con mis tabúes, amar y ser amado. Ser padre es una marca indeleble en mi vida, es reivindicar el amor, redescubrirme, es dar todo por ser feliz con quienes amo.

16

Ser buen padre no es un papel fácil de desempeñar en la obra de teatro de la vida. Nuestros hijos nos necesitan presentes en sus vidas, que les brindemos tiempo de calidad, jugar con ellos, amarlos, protegerlos, escucharlos, educarlos. Enseñarles que lo importante es Ser y no Tener. Esta palabrita es la gran diferencia. Es primordial que el niño sepa que nosotros «somos su padre» y no que «tiene un padre».

17

Cami es bellísima... ¡igualita a mí! Mi niña grande, el día que me enteré que ella iba a ser una niña, un pana me dijo: «Ahora las vas a pagar todas». Eso, que es una frase hecha y que causa risitas, 10 años después da culillo. No porque yo haya sido un *latin lover,* nada más alejado de eso, pero sí he sufrido en el amor y dueeeele que j...

Sé que no lo podré evitar, algún día va llegar el galancito, y por eso me voy preparando, hago terapia, tengo una escopeta, pistolas y granadas.

Cada vez que ella me dice que algún compañerito está enamorado de tal o pascual, yo transpiro, entro en caos... Igualmente empiezo a buscar una palabra tras la otra y las voy sacando para intentar charlar. De nada sirve preocuparse y no ocuparse.

Claro que todavía es parte de un juego que tiene que ver con que le regalo un dibujo, una chuchería. Prohibírselo no tiene sentido, solo conseguiremos arruinar la relación que tenemos como padre e hija. Una cosa es querer protegerla porque sabemos que en el amor se sufre, pero también sabemos que es lo más maravilloso que hemos vivido. En algún momento vamos a pasar por eso.

Yo lo he usado para charlar, le he contado algunas vivencias, le he puesto ejemplos paralelos, es un espacio más donde busco profundizar nuestra confianza.

Te dejo esta cita de la psicóloga Sara Tarrés: «Ante este tipo de conductas, normales y sanas, los padres debemos mantener una actitud tranquila y relajada, no debemos preocuparnos, estos sentimientos le prepararán para las futuras relaciones amorosas y, al mismo tiempo, son todavía ingenuos y muy variables».

18

Los sentimientos durante el embarazo

Paulina siente todo lo que pasa, sé que me escucha cuando le hablo y que me siente cuando charlamos en silencio. Me responde a cada caricia y cuando ando estresado, que la ansiedad me carcome, se pasea suavemente como si fuera un gatito sobre mi mano. Los bebés tienen ese sexto sentido, ellos absorben nuestras alegrías y nuestros pesares. Por eso es tan importante ponerles musiquita, charlarles, consentir a la mamá. Yo quiero que Paulina sepa que es fruto del amor, que al nacer va a ser superbienvenida, que vamos a estar siempre junto a ella, como dice Marce, «le vamos a enseñar a vivir contenta».

En este momento los papás jugamos un rol preponderante, somos el filtro de las cosas negativas para que mamá no se vea afectada y le damos mucho cariño para que la madre se sienta bien. Los dolores de ciática son muy comunes en el embarazo, ponerle una cremita y masajearla hace que tanto ella como nuestra hija se sientan mejor. Hacer la cama, prepararle una comidita, una flor en el desayuno, decirle en un WhatsApp cuánto las amas, qué importante son para vos, les va a sacar una sonrisa.

Y yo sé que cada vez que la PeloChicha sonríe, Paulina se regocija.

Mamás, a nosotros nos pasa exactamente lo mismo, gracias PeloChicha por consentirme.

19

Cuántas veces al día nos preguntamos «¿seré un buen padre?», «¿estará bien esto o aquello?».

En la paternidad hay mucho de error. Y no está mal, los padres tenemos dudas porque amamos a nuestros hijos, porque son importantes para nosotros.

Hay un montón de libros, de talleres sobre la paternidad. Está buenísimo investigar, indagar para descubrir, para reconocerse, entender y descubrirte como papá, no para paralizarte. Existen miles de recetas para que tu niño sea un perfecto bombón, pero depende mucho de los cocineros, de la cocina, el tipo de material que le pones, la dedicación, las ganas, el entorno donde lo preparas, entre tantas cosas. Asimismo, aparecerán pilas de cocineros diciéndote que esas recetas no sirven, que hay otras mejores.

¿Te imaginas tener una maestra que todo el tiempo te califique «Del 1 al 10, tenés un 6, esforzate y aprobás con 7»? «Muy bien, Parrita tiene 9». «Un desastre, Parra, para el olvido. Tiene un 3». La maestra vida te lo va a mostrar, pero dentro de un rato muy largo. Yo supongo que esa es la forma de saber.

Toda paternidad es única, porque todos somos padres únicos con hijos únicos. Por lo tanto, te voy a dar una recomendación sobre la paternidad que te va ser muy útil: los tips sobre paternidad son inexactos, o los adaptas a tu vida o no te servirán para nada. Dejemos de andar pendiente de los trucos y disfrutemos de la magia de ser padres.

A veces me quedo pegado mirando las primeras luces del amanecer, pensando: «¿Lo estaré haciendo bien?». «La estaré cagando?». De repente huelo que las arepas se están quemando y sé que la estoy cagando, pero lo estoy haciendo y con ganas de mejorar.

Confieso que antes de tener un hijo me preocupaba muchísimo el tipo de padre que podía ser. Deseo que en unos 20 años mis hijos no estén preocupados por el tipo de padre que soy.

Sé que no soy perfecto, pero lo intento, le pongo todas las ganas; sé que no alcanza, pero ahí voy. Siempre intento dar lo mejor de mí, evalúo cada noche qué tengo que corregir como padre, pareja, ciudadano. Luego, qué cosas me alegran de las que hice, qué creo correcto. Así me duermo con una sonrisa.

20

Dile a tu hijo que lo quieres, díselo de todas las formas y en cualquier contexto. Abrázalo, dale besos, cuéntale cuánto lo amas y lo orgulloso que estás de ellos. Todos deseamos ser queridos, y uno no se cansa nunca de que le brinden cariño.

Siempre es bueno decirles cosas bellas a quienes amamos, pero no siempre hacen falta las palabras. El cariño se siente, nuestros hijos lo perciben. Decimos tanto cuando no decimos nada.

Es de noche y mis niños duermen. Marce tose; toco su frente, está con quebranto. La ansiedad me carcome, el carro está en el mecánico y vivo muy lejos de la urbanización. Me acuesto al lado de él, lo acaricio, le doy besitos; se tranquiliza.

De la otra cama llega la vocecita de Cami:

—Ya está mejor, papá. Tu amor lo curó.

Me levanto, le doy un beso largo, acaricio su pelito. Luego me acurruco junto a Marce y se me escapa una lágrima de felicidad.

21

Yo uso mal la palabra «parir», tipo «parí para organizar esa conferencia o parí para encontrar un buen regalo».

Parir es dar vida, naturaleza, salvaje, muy primario, la sabiduría ancestral pujando para dar a luz.

Domingo 17 de diciembre:

4 pm. Comemos hamburguesas con Ana. La PeloChicha dice: «Creo que tengo contracciones».

7 pm. Vemos *Coco* en el cine con Cami, Marce y dos amiguitos. Ale informa: «Tengo contracciones cada 20 minutos». Entré en pánico, quería irme, y ella: «Tranqui, veamos la peli».

11 pm. La vaina va con todo, la panza es una piedra cada 12 minutos. Ale habla con la doula y se va a bañar. Yo cagaooo maaal, pero: «Tranqui, todo está bien». Le preparo té, mate para mí, cierro el bolso.

1 am. Las contracciones eran cada 6 minutos, nos fuimos a la clínica, llegamos con 4 cm de dilatación.

3 am. Ale acaricia su panza, ronronea, habla mucho con Paulina, son un equipo. No puedo con mi asombro. Ale: «Sí, sí, sí podemos, sí vamos a lograrlo». ¡Qué arrecho, decía «síííí»! Pone música, usa una pelota gigante, se adormece. La sapiencia de Carolina, nuestra doula es imprescindible. Ana, la hermana de la flaca, resuelve toda la burocracia de la clínica.

5 am. Las contracciones crecen, ella las potencia poniéndose en cuclillas para que la niña la abra, es un movimiento instintivo, juega, bufa, canta con sonidos guturales.

De 6 a 7:30 am. Ale es otra Ale. El doctor le rompió las membranas, llega a 8 cm de dilatación. Brama, es supervisceral, está en 4 puntos sobre la cama, se menea, incluso en un momento la perdió, en pleno corcoveo le salió la Carmen Ramia «Ayyy, Dios, qué vaaaaaina».

XX am (me perdí). Anestesia, paz, la flaca está helada, con sueño. Los médicos se preparan. Le ponen Pitocin, y ella echa el resto. Hace lo posible y lo imposible. Se agarra de los fierros de los pasillos y en cuclillas puja: «Vamoooos, Paulina, sí podemos, sí, sí, sí.

A las 9 entra al quirófano, puja, muerde un trapo. «Vamos, hiiiiijaaaaaa, vamos, que podemos».

Otra vez, se menea, grita un «síííííí» largooo que se mezcla con un gimoteo. Vemos a Paulinita. Son las 9:14 am. Todo es llanto y felicidad. Ale está en la mierda, pero tan contenta. Miles de orgasmos estallan en su alma.

Paulina reposa en su pecho. Ale parió.

«Dar a luz y nacer nos lleva hacia la esencia de la creación, donde el ser humano es valeroso e intrépido, y el cuerpo un milagro de sabiduría.»

Harriette Hartigan

22

Nada más angelical que un niñito dormidito. A dormiiiir todo el mundo.

Usted sabe que si su niño no duerme las horas adecuadas, frena el crecimiento de su bebé. Y uno no puede ser tan irresponsable...

Los gringos tienen todo estudiado, así que cualquier cosa le echa la culpa a ellos, júrelo que no va a ser el primero. Incluso hasta tienen una Academia Estadounidense de Medicina del Sueño que realizó una investigación avalada por la Academia Estadounidense de Pediatría, que dice cuántas horas debe estar en posición horizontal la criatura.

Los bebés de 4 a 12 meses deben dormir de 12 a 16 horas cada 24 horas (incluidas las siestas).

Los niños de 1 a 2 años deben dormir de 11 a 14 horas cada 24 horas (incluidas las siestas).

Los niños de 3 a 5 años deben dormir de 10 a 13 horas cada 24 horas (incluidas las siestas).

Los niños de 6-12 años deben dormir de 9 a 12 horas cada 24 horas.

Ahora entiendo por qué yo soy retacón, mi madre nunca supo esto.

23

Yo como a mil, en pocas no como, trago, y sé que eso está mal. Todos los días al sentarme a la mesa con los niños hago el esfuerzo de comer bien, disfrutar los alimentos, ver lo que como, sentir los sabores, y para eso es importante tener «tiempo». Piensa en eso que disfrutas mucho, que te cambia la forma de respirar, si lo haces todo desesperado, no es lo mismo...

Si engullimos todo apurado, no digerimos bien los alimentos, comemos más de lo necesario y tragamos aire, lo que se traduce en pesadez estomacal, hinchazón y gases.

Mis dos hijos mayores tienen una dieta especial porque son intolerantes al gluten, igualmente el exceso de gluten nos afecta a todos, habrá escuchado hablar incluso de la panza cervecera. Aparte del trigo, también los fritos, los refrescos, los *snacks*, los lácteos producen esta hinchazón.

Lo recomendable en estos casos es beber bastante agua, comer lentamente, porciones más pequeñas, las frutas y verduras frescas siempre son un palo, las caraotas, arvejas, lentejas, nueces, avellanas, semillas... todas las fibras ayudan. Otro dato que me dieron es no comer la comida muy caliente o muy fría.

Hay una cosita que a ellos les encanta y es útil, las cotufas, pero las de verdad, no las de microondas.

Apoyar los cubiertos entre bocado y bocado les da tiempo para masticar mejor los alimentos que tienen en la boca y hacer mejor digestión. Preséntales el plato de una forma que les guste. «La comida entra por los ojos», estrellas, pelota de fútbol, animales, es mucho más rico comerse un vestido, un par de botas y un paraguas que un montón de cosas apiladas en un plato.

¿Te acordás de las famosas «gana el primero que termina la comida», «si no comes todo el plato, no hay postre»? Cámbialo por un «gana el que disfruta la comida».

Indudablemente me tocó llenarme de paciencia, enseñar desaprendiendo y volviendo a aprender. Marce dos por tres me suelta: «Papá, ¡¿no te gusta la comida?!... Entonces disfrútala».

Enseñar a nuestros hijos a comer bien es una de nuestras grandes responsabilidades como padres.

24

Cami tiene 10 años. Está bellísima, los cambios en su cuerpo se notan. Todavía está en la etapa que le dice al hermano que tiene que pedir permiso para entrar al baño cuando ella se está bañando y 5 minutos después escucho que empieza *Soy Luna* en la televisión y sale sin franela.

Ella no es de hacer muchas preguntas, así que yo busco el tema y charlamos. Lo hacemos hace rato, cuando tenía 8 años los cambios en su cuerpito le generaban dudas, miedos. Es importante que sepan que es normal, que es parte del crecimiento y todos pasamos por eso.

En la jungla de la paternidad este es un tema que nos atemoriza, todavía atiborrado de tabúes. Es vital que generemos momentos oportunos y hablemos de esto. Yo recuerdo en mi infancia que tenía mucha vergüenza, estaba lleno de mitos, miedo a los pelos, a tener más pelo que... o menos que, al tamaño, a las erecciones.

Si no lo hacemos nosotros, ellos están ávidos de descubrir qué les pasa. Lo van averiguar en internet, con sus amiguitos, y pueden recibir información incorrecta o alejada de nuestra forma de pensar. Sé que en muchos colegios hay educación sexual, qué fino, igualmente no dejemos de hablarlo. La educación de nuestros hijos es responsabilidad nuestra.

25

En esta época la tecnología juega un papel muy importante en el desarrollo de nuestras vidas. Estas herramientas pueden ser muy útiles en el aprendizaje de un niño, todo depende de cómo lo usemos. Siempre que estemos claros, que no existe tecnología que pueda sustituir las relaciones humanas, la importancia del cariño, del afecto, el ser piel.

Mis hijos no son muy tecnológicos, no tengo la posibilidad económica de brindarles este tipo de juguetes. Igualmente usan mi computadora o mi celular de vez en cuando.

Yo siento que hay dos líneas, la parte que les ayuda a desarrollar su imaginación, que fortalece su autoestima, que les brinda un mayor conocimiento del mundo, que los ayuda a aprender a relacionarse con los familiares que viven lejos. Y la parte que nos da miedo, el verlos petrificados frente a una luz, que se vuelvan sedentarios, la imposibilidad de tener una buena conversación, el peligro de con quién se relacionan los niños que tienen redes sociales.

Podemos estar tranquilos, todo depende de nosotros y cómo manejemos la tecnología para favorecer la educación de nuestros hijos. Es importante que nosotros estemos atentos a qué consumen en internet, en televisión, ya que hay mucho material que puede ser dañino.

Cami (8 años) me bajó una aplicación para que yo aprenda inglés, y ella la usa mejor que yo, lo cual es interesante, es una forma entretenida de aprender un idioma. Marce (5 años) juega con los Pokemones, entonces aprovechamos para escribir los nombres de ellos.

Debemos aprovechar las ventajas que la tecnología nos brinda para el desarrollo de nuestros niños sin olvidar que la formación de ellos es nuestro compromiso. No podemos responsabilizar a una criatura de nuestra felicidad. Sí, viceversa. Es parte de nuestra obligación de vida como padres. No va a servir de nada todo lo que les digamos si en vez de compartir con ellos estamos todo el día pegados a nuestras redes sociales.

26

El papá perfecto no existe

Escribir sobre cómo ser un buen padre es papita, lo difícil es serlo. Tener un hijo no nos permite hablar con propiedad y determinación sobre el «ser padre», así como tener un carro no te vuelve mecánico. Porque lo único que tengo claro es que una cosa es tener un hijo y otra muy distinta es ser padre.

Saber que el futuro de nuestros hijos está en nuestras manos produce un vértigo terrible. Entonces, ¿cómo se forma uno para ser padre? La escuela de la vida, los saberes heredados en libros, lo que aprendimos de nuestros padres, lo que mamamos de la sociedad, incluso lo que no tuvimos, para potenciarlos con nuestras convicciones y así poder replicarlo.

Me hubiera gustado tener un padre que me amara y me lo hiciera saber, que jugara conmigo de pequeño y tomáramos cerveza de grandes. Que me dijera «te quiero, hijo», «estoy orgulloso de vos» y también «no seas tan boludo, la estás cagando». Que me contara de su boca las razones por las que no nos veía nunca. Me encantaría tener un papá a quien agradecer con orgullo todos los aciertos y errores que tuvo para crearme, y no solo agradecer que transito por la vida gracias a él.

Aprovecho que la sociedad ha cambiado, que el mundo ha evolucionado, que no se siente vergüenza de brindar cariño, que los machos también lloran, que las niñas también juegan fútbol, que no se gana el respeto gritando sino con el ejemplo, que hay que escuchar a los niños, que hay un montón de material aconsejando como mejorar como padres.

Y me fortalezco en todo lo que aprendí de mi madre, las sapiencias de la calle. Así voy tomando y descartando de todo lo aprendido. La imagen que me viene es como la de un filtro que deja pasar todo lo bueno que aprendimos en la vida, mejorar lo que no nos gustaba y descartar lo que hace daño.

Así como por un acierto no voy a ser un padre absolutamente genial, tampoco porque un día perdí la paciencia y les hablé fuerte paso a ser un padre terriblemente malo. Ellos están clarísimos que no tienen un padre perfecto y estoy seguro de que no les importa, saben que tienen un padre que los ama y eso sí les importa. Intento educarme en ellos, aprender de ellos, saber qué les pasa, qué sienten, qué les gustaría que papá cambiara, dejándoles claro que no siempre es posible.

Hacer felices y educar a esas personitas que tanto amamos es una tarea dificilísima. Pero recibir el cariño de nuestros hijos como recompensa es impagable.

27

Alguna vez me preguntaron si existía un papá que admirara. No se me ocurrió nadie, entonces dije a modo de chiste «¡Homero Simpson!»

La psicóloga dijo: «No es tan fácil tener una familia como los Simpson. Cada capítulo que comienza tienen un conflicto por resolver, al terminar este, a su manera, pero lo resolvieron, se terminó el problema, ya fue. El próximo día un problema nuevo, el viejo está superado. No se guardan rencores, no importa lo pasado, ellos terminan afirmando su amor por el otro».

Ufffff, y yo que creí que era tan papita ser mejor padre que el gran Homero.

28

«Hay dos cosas infinitas: el Universo
y la estupidez humana. Y del
Universo no estoy seguro».

Albert Einstein

Uno de los comentarios más comunes que recibo de los padres cuando doy charlas es: un golpe dado a tiempo te ahorra problemas a futuro.

Para comenzar, esto es un delito, no debería ni comentar por qué no se le debe pegar a una criatura. Pero estoy convencido que de forma autoritaria no se educa, como mucho se adiestra, y que la educación tiene que ver con el querer (de cariño y de querer hacerlo), con la calma para evaluar qué es concretamente lo que genera molestia y deseamos corregir, con tener paciencia para explicar algo una y mil veces. Entonces, voy a intentar educar a los que piensan que esa frase tiene algo de verdad.

Un niño que es castigado se siente rechazado por su padre, se le destruye la autoestima, lo transformamos en una personita que solo cumple una orden por miedo, le estamos negando la posibilidad de pensar. Desgraciadamente, muchísimos recibimos cholazos de pequeños, puedo dar fe de que el golpe no sirve de nada, lo único que queda de esos momentos es rencor.

Como padres, nuestra misión en la vida es amar, proteger, generarles valores de vida a estas criaturitas. Cuando los educamos les estamos brindando una formación para que interioricen, generen su propio criterio y lo usen cuando lo necesiten. Claro que tenemos que corregir comportamientos, pero a través de la educación, no de la violencia.

A lo mejor todo esto no te sirve de nada, y tal vez lo mejor es aplicar tu propia receta. Darte una buena coñaza a tiempo, y ojo que te la mereces, que te la tenés bien ganada. Para que entiendas que no hay que pegarle a una criatura.

29

Cuando me divorcié, alquilé una casita chiquita, 40 metros. Llovía, se me ocurrió preguntar qué querían jugar. Y ellos felices dijeron «Rayuela». Lo primero que dije fue un «No, ¿cómo vamos a jugar rayuelas acá?». En el momento que ellos entendieron que era imposible, que no podíamos rayar el piso, se me prendió la lamparita. Agarramos un periódico recortamos tiras de 1 cm, las pegamos con tirro transparente, y yaaaa. Entre el armado, el juego y el desarmado se nos fue la tarde superfelices.

Me brota el control prepotente, la razón no es razonable, pierdo tiempo anclado en la queja, excusándome en vez de buscar solución en conjunto. Solo tener la voluntad de hacer el esfuerzo por encontrar solución a un problema ya nos hace sentir mejor. Y le estamos demostrando a ellos que existe una forma más eficaz de afrontar las dificultades.

30

«Educar proviene del latín *educere*, que significa sacar de adentro, extraer toda la riqueza que hay en la persona; o *educare*, que significa nutrir, alimentar, guiar, brindar posibilidades para que el otro pueda progresar y lograr su dimensión de plenitud».

Dediquémonos a sacar de dentro lo mejor de nuestros niños. Para eso necesitamos permitirles expresar sus emociones, escuchar sus intereses. Que jueguen, investiguen, sean curiosos, cometan errores. Cómo mejorar día a día, no por competir con otros, sino por el hecho de superarse a sí mismos. Enseñémosles que, haciendo felices a los otros, nos hacemos felices a nosotros mismos.

Está en nosotros la posibilidad de formar seres humanos justos, comprometidos y solidarios, o personas resentidas y violentas. Cuando escribo esto, pienso en qué decirles a mis hijos, pero intento seguir educándome a mí mismo.

31

Los otros días me dijeron que era un papá separado, y el comentario me hizo ruido. No solo soy un «papá separado», considero que soy mucho más «papá jamás separado de sus hijos», «papá enamorado de su pareja», «papá que necesita aprender de sus hijos», «papá que se sobrepone a esta crisis social/económica/política que vive Venezuela», etcétera.

Cuando era chico, me tocó vivir un par de tornados. Recuerdo que en plena tempestad se iba la luz y mamá fingía ser fuerte y nos abrazaba para que supiéramos que todo estaba bien, que ella nos iba a proteger. Agarraba la virgencita, le pedía a Dios que yaaaa, que parara esa vaina.

También, estoy seguro —pero nunca lo vi—, mamá se encerraba y lloraba mucho. Se culparía de no haber cumplido con su Dios, lo increparía por ser tan cruel. Charlaba con los otros que habían vivido la misma tragedia, aprendería de lo que escuchaba, drenaría sus penas, pensaría que no era tan grave, o que a ella sí le tocó jodido.

Mamá jamás nos abandonó, tiró la toalla o salió corriendo. Nos atendía, se hacía fuerte en el cariño y empezaba por lo imprescindible. Ordenar el caos. Mi madre sostenía que «ordenar el despelote te ayuda a ordenar la cabeza», buscar leña para preparar una sopa. Recuerdo una vez que mató unos pollos para celebrar que todos estábamos bien. Acobijarnos con el calor del alimento y el de ella siempre fue nuestra teta. El tiempo pasaba y poco a poco ella dejaba de reclamarle a su compinche Dios, empezaba a hablarle de vez en cuando para lo imprescindible, y así iban sanando esa relación.

Yo estoy seguro de que nada sana más que el amor de los que tú quieres, de los que te quieren. Si estás separado, el amor de la nueva pareja es un bálsamo increíble, así que, si no ha llegado, sal a buscarlo. Mientras tanto, una buena a-cogida ayuda taaaaanto a acomodar la cabeza.

32

Soy tantos nuncas.

Nunca voy a irme de Argentina.

Nunca haría ese ridículo.

Nunca voy a ser payaso.

Nunca me voy a casar.

Nunca me olvidaré...

Nunca dejaría...

Nunca haría...

«Nunca» es una palabra larga y pesada, solo se escribe cortita. Lo sé porque la he cargado largo tiempo. Decir «yo nunca me vuelvo a casar» fue fácil, pero NUNCA ME VOY A ENAMORAR. ¡Échale bolas!!!

Un día, sin querer queriendo, aparece alguien que tenía 10 años estando. Flaca, carajita, casada, con el pelo chicha, sin culo, y te parte la cabeza. Y todo lo que antes era un NUUUNCA, porque es sumamente ridículo, se ve distinto, porque andás enamorado, feliz.

Por suerte, si hay algo en lo que soy bueno es en contradecirme con el pasar del tiempo. Y eso que alguna vez critiqué, hoy soy yo.

No me arrepiento de haber cambiado de parecer, no me pesa pedir disculpas y seguir si voy tras mi felicidad.

Pauli me dice: «Papá, vamos a vestirnos de princesas». Y pienso: superridículo, lo que me falta, después de viejo haciendo mariqueras.

Veo su sonrisa esperanzada, me dejo contagiar, voy y lo hago chocho.

33

Paulinita tiene una carita angelical. Peeeero... cuando la carajita duerme mal puede estar jugando supercontenta y de repente se engrincha y pufff, berrinche. Berrinche arrecho, cero mariquera. No quiere saber nada, quiere estar sola, dice un «veteeeee» (que es de las vainas que más duelen en la vida), y cuando te vas llora porque te fuiste.

Cuando era joven y creía fervientemente en «descansaré cuando muera» de Bon Jovi, me paraba a las 6 de la mañana y me acostaba pasadas las 12 todo trasnochado. Yo con 5 horas de sueño estoy bien.

Luego, para estar despierto tomaba litros de mate y café, acompañados con tres paquetes de cigarros. Y cuando me dolía algo era porque necesitaba más café o chocolate o curda o cigarro. Jamás descansar.

Vivía discutiendo por cualquier cosa, me la pasaba gruñendo, no me gustaba ni lo que me gustaba, siempre le encontraba la quinta pata al gato. Ese malestar reinante y la apatía las descargaba con el más gafo, o sea, conmigo mismo. Me comparaba con todo el mundo, no valoraba mis logros ni creía en mis capacidades; me llenaba de etiquetas, gordo, torpe, incapaz; no toleraba mis errores y me castigaba exigiéndole más horas de ejercicio o de lectura a mi cuerpo insomne.

Lo peor del caso es que no lo veía. Ahora lo veo en mis hijos cuando duermen mal, cuando tienen hambre, cuando comen demasiadas chucherías.

Un día, al terminar una charla en un colegio, una mujer se me arrimó y me dijo: «Hace poco mi marido se desgarró por agotamiento físico, y eso me preocupó mucho. Porque cuando mi padre se divorció, montó un negocio para que todos pudiéramos mantener la misma calidad de vida. Salía del trabajo directo a la caja del restaurante, no lo veíamos nunca, y cuando lo veíamos estaba cansado, amargado. Un día se durmió manejando y...»

Ojalá te sea útil.

34

Hay días y días. Yo sé que esta frase no dice nada, pero hoy lo dice todo.

Paulina recién logra dormirse, sintió el día, pobre hijucha. Cami lleva dos días con una fuerte gripe, moco por montón, dolor de cabeza y mucha necesidad de ser consentida. Ale tiene miedo de que la gripe se le pegue a Pauli, pero tiene mucho más miedo que Cami se sienta mal, entonces ahí están las tres jugando en la cama. No es fácil, en 9 meses, pasar a tener tres hijos.

Marce necesita jugar, yo también. El balón se va a un terreno abandonado, intentamos recuperarlo, nos puyamos todo el cuerpo buscando y no logramos encontrarlo. Perdemos nuestro balón preferido, también el único, la otra es una pelota dura de plástico.

Fuimos al supermercado. No había comida, pero sí un gentío. El guardia dijo: «No haga la cola, no vale la pena». Tocó resolver con lo que había.

La lavadora se dañó.

Sí, es uno de esos días que, como dice la prosa poética argentina, «te caes de espalda y te quebrás la pija».

Hay días que no alcanza darlo todo, tienes que estar profundamente enamorado. Por eso es importante que estemos clarísimos: una cosa es querer SER padres, otra es querer tener un hijo.

Amo a mis hijos, soy plenamente feliz con ellos, con cada sonrisa, cada travesura, por eso busco enamorarte de la paternidad. Peeeeero... hay días como hoy, que después de armar las loncheras para que mañana lleven al colegio, necesito un ron con ralladura de jengibre, mandarina y tres gotas de picante.

Mañana lunes será otro día y nuevamente saldré a dar lo mejor de mí. Porque la sonrisa de los que amo, lo vale todooooooo y más.

35

Mi mayor celo

Yo quiero que mis hijos quieran a sus madres, pero la quieren más que a mí.

Siempre haré lo posible para que amen a sus madres, las consientan, disfruten estar con ellas.

Pero no joda, eso no significa que no me dé celos, de los bellos, dulces, pero fastidiosos como cualquier celo. Incluso lo he charlado con otros padres que les pasa lo mismo.

Esa arrechera que da que la carajita diga: «No, vos no... mi mamá», y se abrace a la progenitora con la mayor de las dulzuras.

Entonces yo me puse a hacer terapia conmigo mismo como psicólogo y descubrí qué tienen las tipas estas que los adorables papis no ofrecemos... paz, tranquilidad.

Uno es muy caimán (seguramente no todos), paso de saltar en la cama a andar a caballo, jugar fútbol, bailar como loco, pelea de almohadas, guerra de cosquillas o, en su defecto, de coñazos, sembrar matas... siempre estoy haciendo algo con ellos.

Y eso está bueno, pero la armonía, el sosiego, los brinda la madre. Entonces no es que la quieran más, no es que la quieran más, no es que la quieran más (no es un error, me estoy autoconvenciendo), simplemente siempre es necesario tener más paz que caos.

36

Detestaba leer un libro de autoayuda. Es que yo «sabía» que eran malos.

Estando en España, donde no me conocía ni Dios, decidí leer uno del que consideraba el peor de todos, Paulo Coelho. Es que si algún amigo me veía leyendo al Brazuca o escuchando a Arjona yo me podía morir de la vergüenza. Usted no va creer lo gafo que me sentí.

¿Cómo sabía que era una porquería? ¿Cómo sabía que no me gustaba? Tenía un montón de amigos «intelectuales» que sostenían que eso era basura, había escuchado que era puro mercadeo y lo repetía sin ni siquiera haberlo leído.

Así funcionan las dictaduras del «saber», imponiendo fórmulas, sin escuchar, sin sentir, «porque es así», «porque yo sé», «porque lo dijo mi papá», «porque estudié», «porque lo dijo el difunto», «porque está en la Biblia», y ya...

Ojo, no estoy hablando solo de la política, estoy hablando también de lo que imponemos como jefes, como padres o lo que nos imponemos a nosotros mismos.

Pauli, a sus 3 años, me dijo: «Pobre Santa, tiene calor», y tiene todo el sentido del mundo. El pobre gordo chorreaba sudor en la acera del centro comercial. Si Santa viene al Caribe y no se pone un traje de baño es un pelotudo bárbaro.

Así es, los padres enseñamos desde el «saber» y los hijos desde la «ignorancia». La ignorancia es la madre de los saberes, si sabemos que no sabemos, seremos más tolerantes, buscaremos mayores conocimientos, entenderemos que siempre se puede aprender, que hay otra forma de ver el mundo.

Lo desconocido genera curiosidad, el deseo de saber. Es necesario entender que hay otra verdad, que hay otra forma de saber. Que si estoy en busca de una posible «verdad» y deseo aprender de otra persona, de mis hijos, de la naturaleza, debo reconocerlos como un igual, no descalificarlos con un «qué va a saber este... lumpen, pobre, chiquitín», etcétera.

Claro que sirven los saberes heredados por la humanidad, aprendidos de nuestros padres, pero agrégale el «es relativo» de la ciencia, que hace 30 años ni se hablaría de escuchar a los hijos, que en aquel tiempo, con aquel clima, cuando no existían las computadoras, antes del coronavirus o cuando...

Este es un saber heredado hace 2.400 años que me gusta: «Solo sé que no sé nada». Gracias, don Sócrates, por tanto en tan poco.

37

Cuando un hijo se enferma a uno se le cae el mundo. Paulina tuvo su primera gripecita a los 5 meses, tenía muchísimo moco, se ahogaba, eso le producía malestar y lloraba.

Dormía muy poco, pobre hija. Eran las 4 de la mañana y estábamos dando vueltas por toda la casa cantando cancioncitas de cuna, y a las 5:30 ya estaba preparando la lonchera de Marce y Cami, para luego despertarlos, darles el desayuno, llevarlos al colegio, para luego venir a limpiar la casa, cocinar, lavar, para luego...

Y les digo la verdad, con la desesperación que uno tiene como padre cuando su hijo está enfermito y llora por el malestar, empieza a buscar soluciones mágicas, les escribe a todos sus amigos en el WhatsApp, y entonces siempre aparecen los famosos «remedios de la abuela».

—Mondongo, mi abuelita dice que le des una sopa de pata de pollo con limón.

—Mira, ¿sabes lo que es bueno? Licúa 6 dientes de ajo con jengibre y jugo de naranja.

—Tenés que agarrar piña, guayaba y miel, lo pones a macerar y, ni bien se despierta, le das una cucharita. ¡Santo remedio, che!

—Cuando yo era chiquito me curaba mi abuela. La vieja agarraba media cebolla morada, un rábano y una penca de sábila, picaba todo bien picadito, lo metía en una ollita con unos doscientos mililitros de Coca-Cola, cuando esa vaina empieza a hervir le echaba un puñado de hojas de eucaliptos y, si conseguía en la farmacia homeopática Aconitum, le ponía unas 10 pepitas; cuando no conseguía le agregaba un pote de Vick Vaporub.

Aparte, después de darte la receta te dicen cómo usarlo. Con eso le vas a hacer unas gárgaras a la criatura y unos masajes en el pecho y la espaldita. (Incluso se pone consejero):

—Marico, fíjate que esté tibio el ungüento, no vaya a ser que quemes a la nena.

¡No joda! Le iba terminar metiendo un tetero de ron a la carajita. A mí me funciona, después del tercero ni me acuerdo de la gripe.

38

Es la palabra más bonita del idioma castellano según la RAE, no por sonido, si no por su significado: *apapachar*, es decir, «acariciar con el alma».

Cualquiera te puede dar una palmadita cariñosa, consolar, brindar dulzura. Pero apapachar va mucho más allá, es un sentimiento, es ese abrazo/caricia que te proporciona una paz deslumbrante, donde el amor hace que desaparezca toda angustia.

Es necesario romper nuestros miedos y desnudarse emocionalmente para abrazar con el corazón, para dar un buen apapacho, no existe nada más bonito que sabernos amados y valorados.

Cada día es una bonita oportunidad para demostrar cuánto queremos a nuestros hijos, a nuestra pareja, a nosotros mismos. Acariciándolos, mimándolos con palabras, una comidita, jugar juntos, a la distancia con notitas de voz, videítos, hasta que muy pronto puedas estrecharlos nuevamente en tus brazos y fundirse en un buen apapacho.

Si tienes a quien amas cerca, ve a apapacharlo, es el mejor regalo que te puedes hacer.

Esto puede esperar. Realmente, todo puede esperar.

39

Verdades sin anestesia

Yo soy un papá separado, y al poco tiempo de separarme veníamos en el carro, Marce (4 años) en su sillita y Cami (7 años) al lado de él. Mi hijo empieza con los dos pies a patear el asiento delantero. Le digo:

—Marce, por favor, no hagas eso, vas a romper el asiento. —Se calma un momento y vuelve—. Hijo, por favor, no lo hagas, vas a dañar el Dragón.

Ya por tercera vez. Entonces, con el tono más alto:

—Hijo, por favor, es la tercera vez que te lo pido por favor, y no me estás escuchando.

—Y si yo te pido por favor, vos volvés a vivir a mi casa —me dijo, sin anestesia.

Me hizo mierda. Paré el carro en seco. Me pasé para atrás llorando, los abracé fuertemente a los dos. Y les dije, expliqué, prometí que yo los amaba muchísimo a ellos, que eran superimportantes para mí, que jamás los dejaría, que ellos no tenían culpa, que papá ya no vivía en la otra casa porque no está enamorado de mamá, que la quiere pero no alcanza. Y le repetía que los amaba con locura, que los amaba con toda mi vida y que siempre estaría ahí para protegerlos. Y tal vez escribo esto, entre mocos y lágrimas para repetirles una vez más todo lo que los amo, hijos míos.

Hijos, no me separé porque fuera fácil, pueden jurarlo, me separé porque era necesario.

Feliz cumpleaños, Marce. Te amo.

Soy tan afortunado de que me hayas elegido como padre.

¿Sabes, hijo? Tú eres mi hombrecito. Recién me doy cuenta, en mi vida he estado rodeado de mujeres, lo cual agradezco.

Tú eres mi influencer. Eres un carajito superespecial, te admiro tanto. Me gustaría tanto ser como vos.

Gracias por leerme y acariciar mi alma con un «Vamos a jugar, papá». Por invitarme a dormir abrazados.

Le tengo celos a la tablet, perdona mi egoísmo, hijo, quiero compartir lo más posible con ustedes.

Hay días que no sé si está bien hacer las cosas bien. Hijo, yo también quiero dejar de cocinar, ponerme a jugar fútbol, policía y ladrón, escondite, acostarme a dormir sin bañarme... Pero me toca ser el que dice «ya se terminó la hora de jugar».

Gracias a vos sé muchas cosas, pero estas dos que dijiste últimamente me parecen geniales. Ahora sé que solo me queda de argentino lo boludo. Que cuando uno hace lo que ama no es pobre, solo no tiene plata.

Te quiero muchísimo, mucho más que lo que sé expresar con palabras, con caricias y apaparruchos. Muchísimo más hijucho.

Feliz vida.

41

«A mí me gusta el columpio porque me duermo, pero no de ojos cerrados, me duermo así... de pensar», me dijo una Camilita de 5 años.

Entonces entendí por qué suelo pasar una hora sentado en el columpio y no darme ni cuenta.

Estamos de vacaciones en el Yaque, una playa de Margarita.

Pauli se paró a las 6 de la mañana a pasear su globo azul. Se lo habían regalado el día antes. Se le escapó 10 veces, lo arrastró por todos lados y lo dejó durmiendo atado de una palmera. No hay forma que entienda cómo no se le explotó.

Hoy el globo se va arrastrando por el cemento, pasto y playa. Claramente es todo terreno. Ella estaba chocha hasta que ¡puuuuummmm!

¡¿Qué hago?! No puedo entender cómo no tenía ningún plan. Si lo vi venir, si sabía que iba a pasar esto.

Pauli llora, nos abrazamos y pienso que ojalá siempre que se le explote un globo de los que ella ama, con los que sea feliz y crea que es para siempre, yo pueda abrazarla.

Pero sé que este globo llamado papá tampoco es para siempre. Todos los globos caducan y yo no soy la excepción.

Agarro una flor y se la doy. Sonríe, me la subo a cococho y cantamos una canción.

Mientras tanto, nos disfrutamos.

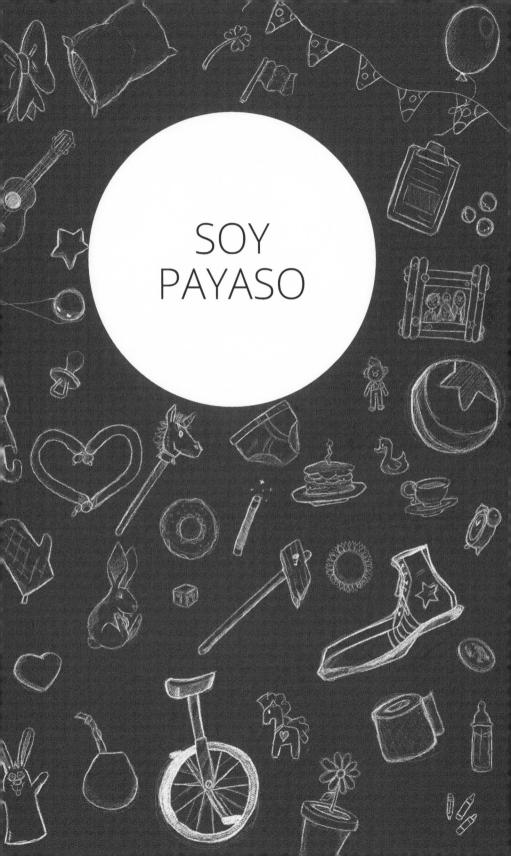

SOY
PAYASO

43

Yo uso el pelo verde, por lo tanto me doy el lujo que, con más de 40 años me pare la policía una vez a la semana. Uno a veces piensa que la policía hace preguntas estúpidas... y hacen preguntas estúpidas. Tipo «¿de dónde viene?» ¿Qué tipo de pregunta es esa? ¿Qué esperan que uno le diga? ¿De atracar un banco?

En cambio, los niños hacen preguntas geniales. Acá algunas:

Papá, ¿tienes pelos en las narices o son patitas de chiripas?

Papá, ¿Dios tiene novia?

Papá, ¿se llama piscina porque se hace pis?

Papá, la beso, ¿si me gusta es mi novia o tengo que quedármela igual?

Papá, ¿si el papá de Leo (es gordito) tiene tetas es que va a ser una mamá?

A veces las preguntas te curan.

Lorena me contó que cuando era niña veía siempre a su papá con las manos en los bolsillos, rascándose, entonces la inocente criaturita de Dios preguntó: «Papá, ¿tener bolas pica mucho?».

La cara del padre se congeló, empezó a cambiar de color, no respondió, y ese día se curó la picazón. Don Ignacio nunca más volvió a rascarse las bolas.

¿Qué podemos aprender de nuestros hijos?

Que un amigo, vale mucho más que el juguete más caro.

Que debemos juzgar a las personas por como son, no por lo que tienen o no por el carro de donde se bajan.

Que un hermano es una pasión amor/odio.

Que tener la razón es una estupidez supervalorada por los adultos.

Que las bolsas del mercado son un juguete ideal.

Que debemos vivir la vida con entusiasmo.

La definición de entusiasmo según los griegos es «tener un Dios dentro de sí», es lo que te guía hacia la sabiduría, te da la fuerza, te motiva. En un niño es natural, se lo vemos en el brillo de los ojos, en la alegría que los motiva a hacer cosas, en la curiosidad que tienen por la vida.

Ese dios que decían los griegos todos lo hemos vivido, todos lo tenemos cerquita, es enamorarnos de lo que hacemos, es darle importancia a lo que hacemos, es querer hacer lo que hacemos.

Todos podemos estimular a un niño o reprimirlo, eso que sabemos que estimula a un niño, jugar por el simple placer de jugar, llenarlo de curiosidad, ayudarlo a enfrentar pequeños desafíos, fomentar la imaginación. Eso, exactamente eso, es lo que tenemos que hacer con nuestros hijos y con nuestro niño interior, encontrarlo con el entusiasmo.

45

Esta es una de las anécdotas más bonitas que me pasó como payaso de hospital.

Nunca fui bueno para decir piropos, y tampoco lo suficientemente guapetón como para merecerlos.

Ese día me tocó ser pasillero en Doctor Yaso. Para contarles simple, el pasillero es el único voluntario que no se viste de payaso, es el que coordina la visita, que se relaciona con el personal de la institución, es el que recorre los pasillos pendiente del tiempo que sus compañeros juegan en las habitaciones, es el encargado de distribuir la alegría. En pocas, el hombre serio del asunto.

Siendo pasillero en el hospital Clínico Universitario, jugaba con una espada de globomagia con un niño que se acercó. Al retirarse le dice a la mamá: «Viste, era un payaso disfrazado de señor». Temblé, transpiré, me estremecí tanto pero taaaanto, que ni gracias dije. Era el mejor piropo que me habían dicho. El niño no vio mi ropa, vio mi alma.

46

Anoche salí a caminar con mis hijos en Caracas. Al pasar por un farol, la sombra de Marce (5 años) se puso cabezona y su cuerpo chiquito. Nos reímos, él lo disfrutó y empezó la fiesta. Que la sombra de Cami (8 años) me pisaba la cabeza, que las sombras se daban besos, una sombra le daba una patada en el culo[1] a la otra. El hombre de 6 brazos, el hombre más alto del mundo. ¿A ver si adivinan de quién es esta estatua? Reían y decían cualquier locurita, que eran Bolívar con Eli Shane, la Barbie con Pikachu, igual siempre el caballo o la megabestia era yo. Nos enfrentamos al centauro, la tortuga, el dragón y otro montón de bestias salvajes que nos perseguían hasta que nos poníamos grandes y se asustaban.

La próxima producción va a ser más grande, ya conseguimos la sábana, solo falta la linterna. No, ni eso, uso la del celular.

Para jugar solo nos necesitamos a nosotros y conectarnos con el placer.

● ● ●

1   Si no es culo, no suena divertido. Las malas palabras son un error de interpretación de los adultos. Mala palabra no es «culo», mala palabra es «corrupto».

Me gusta la gente que anda jovial por la calle, los que andan con cara de feliz cumpleaños. Reconozco que me cuesta, que para ser medio simpaticón le tengo que echar bolas.

Aconsejemos a los nenes a que anden sonrientes, a que digan buenos días como iniciativa y no como respuesta.

Así, un día escuché:

—Papá, el señor del taller está siempre tan contento que, cuando hace así (pose de silbar), le sale música por la boca.

48

Los payasos y los niños tenemos muchísimo en común. Un buen payaso no se preocupa por lo que es normal, él genera caos, desconcierto, se burla del poder, de la arrogancia, juega con lo que da pudor.

Ser payaso es buscar acercarse al niño que llevamos dentro, comulgar con él, no reprimirlo.

49

Mis hijos son mi gran orgullo, siempre lo digo, pero hay días que son mi orgullo más IVA.

Voy a buscar a mi hijo al plan vacacional y la recreadora me recibe preocupada. La chama debe tener unos 20 años, está nerviosa, se mueve de un lado para otro, acomoda una carpeta entre las piernas para poder ajustar la cola que sostiene su pelo negrísimo, mientras me dice:

—Señor Parra, quiero pedirle disculpas. Sin querer ofendí a Marcelo y él se incomodó muchísimo, no fue para nada mi intención, espero no se moleste usted.

—No entendí nada. ¿Me puedes decir qué pasó?

La chama toma aire, se pasa la mano por la cara, le llega la decisión de que debe decir toda la verdad y empieza a vomitar palabras:

—Su hijo estaba jugando con la comida, puede ser algo normal para un niño de esa edad, pero nosotros necesitamos que sean ordenados pues si no se vuelve un caos —cambia la velocidad, ahora acaricia las palabras—. Entonces le dije que no hiciera eso, que no fuera payaso... —me mira con ojos de carnero degollado y sigue—.

El niño se molestó mucho, muchísimo, no fue mi intención. Él estaba bravo y me dijo que no le diga «payaso»
como feo, porque payaso no es feo, y él es payaso bonito
como su papá.

Me quedé petrificado, no sabía qué hacer, por dentro
estaba lleno de pirotecnia, celebraba el gol del campeo-
nato, explotaba en miles de orgasmos. Quería darle un
abrazo y ponerla a girar colgada de mí, gritando... «¡Qué
vaina tan de pinga!», decirle: «Gracias, miles de gracias, si
supieras lo contento que me pone que mi hijo se sienta
orgulloso de mí».

Y como un gafo, termine diciéndole:

—No te preocupes, es normal que la gente use el término «payaso» como algo despectivo, todo bien.

50

Seamos curiosos. Quien no es curioso, no aprende nada, afirmaba Goethe.

Cuando tenía unos 8 años tuve mi primera gran visión emprendedora. Sabía que lo mío era el mundo de los negocios. En mi casa se producía lo que comíamos, como es bastante común en las casas de campo. Sembrábamos lechuga, papa, tomate y un montón de etcétera. Aparte, mi madre criaba algunos pollos para el consumo nuestro y para vender. Generalmente, estos pollos se compraban recién nacidos, se los criaba hasta llegar a los 3 kilos y ahí se los vendía. La parte más crítica de la crianza eran los primeros días, cuando necesitaban más atención. Principalmente en el invierno, antes de llegar a pesar medio kilo, un 10 por ciento de ellos, por h o por b, morían.

Entonces yo vislumbré una solución brillante, algo que no se le había ocurrido a mamá. Agarré 10 pollos que pesaran más de medio kilo, 10 tomates, y los enterré. Mi madre pensaba que alguna comadreja o alguien le había robado los pollos. Yo no decía nada. Cuando llegaba del colegio me iba a regar mis matas de pollos, esperando que nacieran. Ojo, lo pensé todo, no agarré pollos muy grandes, porque es sabido que el peso podía romper la mata al nacer y no iban a tener el tiempo de maduración necesario. Y tampoco soy gafo, no los sembré con papas, porque al nacer bajo tierra corría el peligro de que se asfixiaran.

Un día, al llegar del colegio, la sorpresa me la llevé yo. De solo contarles me duele, mi mamá me dio tantos cholazos que me dejó el rabo como una flor. Claro, mi mamá no había leído a Goethe.

51

Hace 21 años me pinté el pelo de verde por primera vez. Fue en Medellín, Colombia, debe haber sido por septiembre. Recuerdo que estaban empezando las clases. Quería tenerlo plateado como si fuera canoso, pero al peluquero le quedó mal. No solo me dejó la cabeza ardiendo de la quemazón producida por el decolorante, sino que me quedó de un amarillo patito... ¡Horrible! Para solucionar eso me lo hice pintar de azul y, producto de la mezcla, quedó verde.

En ese tiempo hacía funciones en la calle y, cuando la gente veía un tipo de pelo verde con una maleta y un monociclo, sabía que algo iba pasar.

Dicen que muchísimas de las chicas, cuando terminan una relación se pintan el pelo, cambian el peinado, se hacen un nuevo corte. Seguramente porque es más fácil cambiar la cabeza por fuera que por dentro. Igualmente, los cambios externos terminan transformándonos como personas.

Indudablemente, usar el pelo verde ha influenciado mucho mi vida, muchas veces en positivo y otras tantas... Yo sé que no soy ni más ni menos que nadie, solo soy el tipo de pelo verde, el *green vintage*, que no es lo mismo que un viejo verde.

52

Los payasos tienen una relación de juego muy particular con sus hijos, de mucha entrega, muy desbordada, lo sé porque soy payaso. Y los payasos, cuando la cagan, la cagan más IVA, lo sé porque soy payaso.

El mayor estado de gozo de un payaso se desarrolla jugando, y, si es con un niño, es un estado superior, es el momento supersaiyajin del aprendizaje, se está tomando cátedra.

Lo máximo para un padre es jugar con su hijo, verlo reír, ver el disfrute en su rostro. Según los científicos en ese momento se activa la neotenia[2] en su mayor grado. En Venezuela decimos que tenemos el gafo a mil; en Argentina que estamos de un boludo bárbaro, y realmente todos sabemos que jugamos así porque estamos enamorados.

Javier Gámez es payaso y es padre, entre tantas otras cosas que puede ser. No, es padre y payaso, porque una vez que eres padre, no importa lo otro que seas.

Él tiene con su hija un ritual de celebración cada vez que llega a su casa.

● ● ●

2   «Neotenia: es la conservación de las cualidades inmaduras en la adultez». Puse esta palabra solo para impresionar, para que pienses «qué arrecho el payaso este».

Micaela tiene un poquito más de 5 años, y desde hace unos 3 años, al escuchar que están abriendo la puerta del pasillo, inmediatamente se esconde tras la puerta de entrada a la casa. Él no la encuentra, ella sonríe escondida mientras su padre la busca, cuando pasa un minutito de la busca desesperada, la chamita sale y lo asusta. Después del brinco que pega el payaso/padre por tamaña sorpresa, eternamente repetida y siempre inédita, nace la poesía: se dan un abrazo de oso, giran por el piso abrazados como koalas, se dan besos de perritos...

Hace poco, Gámez, con los problemas de la crisis económica que no dan tregua al país, estaba falto de trabajo y eso le tenía la cabeza muy bloqueada. Cuando va a llegando a su casa, lee un mensaje donde se entera que le suspenden la función que tenía que hacer al otro día, la única que había salido en dos semanas.

Al abrir la puerta del pasillo, prende la alerta, Micaela salta del sofá y se va a esconder tras la puerta. Javier entra, pone el morral sobre el sillón, escucha la sonrisita de la niña, va hacia la puerta, la abre y dice: «Salí de ahí, por favor. ¿Crees que no sé que estás escondida ahí?»

Ese día fue el último que la hija lo esperó tras la puerta. Ella también sabía que él sabía que se escondía, pero el trato es que los dos disimulaban, porque claro, qué importaba el esconderse, el susto, pero sabían que había más, mucho más, los abrazos, las piruetas, los besos.

53

—Marce, ¿te aburriste jugando solito? —le pregunto.

—No, inventé.

Es verdad, lo que pasa es que uno escucha todo el tiempo «está ocioso», «pobrecito, se va aburrir», «está al peo, como bocina de avión». Y como te dicen que eso es chimbo, uno compra que es malo.

Él llevaba como una hora solo y yo me preocupé. Los *hippies* tenemos un consumo basado en el no consumo, que es un consumo que termina siendo hasta más caro que lo que consumen los consumistas. Pero ese es otro tema, lo guardo para hablar con el psicólogo.

Estaba pasándola súper consigo mismo, le estaba dando ideas a sus amigos imaginarios, diseñando el mundo en el que quiere vivir.

Yo soy el que necesito de un libro, el celular, la cerveza, los amigos, el televisor para entretenerme, que creo que ser productivo es hacer algo.

Mi abuelo, decía: «Más al peo que lápiz blanco». No señor, también es útil. Lo que hay es que saber usarlo.

Los niños necesitan tiempo para volar. Yo recuerdo andar gambeteando por las calles de mi pueblo y echarle el centro a Maradona para que él le haga el gol a los ingleses con la mano una y mil veces.

Déjelo vivir sus fantasías, no hace falta un padre diciéndole todo el tiempo qué tiene que hacer, un juguete que juegue por el niño, un televisor que le diga qué necesita comprar para ser feliz.

54

Cada vez que me pongo a escribir este libro, busco ser honesto, contarles qué me pasa, qué llevo adentro, qué me impulsa, decirles mi verdad. Sé que por más que yo vea la realidad verde, según del lado del prisma donde pongas el ojo, es verde claro, verde oscuro, y otros la verán verde navideño.

El jugar me permite ser libre, aceptarme, arriesgar. Ha sido tan útil para fortalecer la relación con mis chamos, para estimular su creatividad, democratizar «nuestra» educación.

Incluso cuento anécdotas de mí que no me gustan, que estarían mejor ocultas, pero sé que de esta forma se movilizan cosas, me permite verlas desde otra perspectiva y tal vez me ayude a solucionarlas o entenderlas. Igual yo me contento con solo enfrentarlas una vez más. No busco que estés de acuerdo, prefiero que te generes preguntas. Ojalá te sea útil, encuentres alguna respuesta, o simplemente tengas otra forma de ver el mundo.

55

«Creer que se es payaso por ponerse una pelotilla roja en la nariz, un par de zapatos desmesurados y aullar con voz aguda, es una ingenuidad de idiotas».

Dario Fo

La técnica de *clown* proviene de la escuela francesa de Jacques Lecoq, fundada en 1956, y está basada en la observación de la dinámica de la vida.

El *clown* es un hombre-actor que se sumerge en su propia intimidad y, a partir de allí, ayuda a que aparezcan sus aspectos más ridículos o aquellos no tan aceptables, socialmente hablando. Mientras toma valor y pierde el miedo, comienza a reconocerlos, y así, en ese estado de fragilidad, se muestra al público.

La risa es el alimento del *clown*. Pero también hay otras acciones que lo acompañan y palabras que lo definen: libertad, sinceridad, espontaneidad, juego, improvisación, creatividad, vulnerabilidad, inocencia, complicidad, humor, comunicación. Si todo esto está presente, aparece el *clown*.

El *clown* trabaja y compone a partir de sus propios temores, sueños y obsesiones.

56

Ayer nos enteramos que RuliBaby es niña. Una niñita amada y cuidada por todos.

Antes de enterarnos, las predilecciones eran Cami y Ale, niña; Marce y yo, niño.

Decidimos hacer una reunión con los amigos para enterarnos todos al mismo tiempo. Emiliana era la única que lo sabía. Ella preparó unos ponquecitos de chocolate que al morderlos revelarían cuál era el sexo.

Marce (6 años) le dio dos mordiscos al ponqué, vio que el centro era rosa y me abordó:

—Papá, por culpa de que ella (Emiliana) puso esto rosa, ahora RuliBaby va ser nena, y yo quería un hermanito.

57

Siempre es importante reforzar la autoestima de nuestros hijos. Yo sé que más de uno va a pensar, el colmo... un argentino hablando de autoestima, es como mucho con demasiado.

A los niños con baja autoestima les cuesta demasiado enfrentar desafíos. Piensan que no lo lograrán, se rinden fácilmente, hablan de forma negativa de ellos. «Yo no puedo hacerlo», «me va a salir mal». Por el contrario, los que confían en ellos mismos se sienten amados, interactúan con sus pares, son optimistas, enfrentan los conflictos con una sonrisa y se convierten en personas felices y productivas.

Felicitarlos por sus logros, apoyarlos en los desafíos y siempre pero siempre que sepan que está bien, que han mejorado mucho y que no solo se puede, si no que se debe seguir mejorando, y todo explicado desde el amor. Hay niños que son felices con sus logros, pero al no sentirse amados su autoestima es baja.

Tanto los niños como los payasos, para progresar, debemos asumir «riesgos sanos». ¿En qué consiste? En asumir responsabilidad ante la toma de decisiones. Al principio decisiones sencillas. Al principio el payaso con más experiencia (vos) hace el trabajo difícil y de muchas le dejas al niño dos que le gusten. Tomar esta decisión lo empodera, y paso a paso se podrá enfrentar luego a algunas más difíciles.

La otra es no coartarlos, démosles oportunidad de demostrar que pueden. Un ejemplo, cuando el niño esté haciendo algo «difícil» como abrir la ducha, estemos atentos a que no se queme, pero no lo frenemos de antemano por miedo a que se queme, tal vez solo lo está haciendo de una manera distinta, a «su manera». Resolver ese simple problema lo ayuda a sentirse bien, se sabe competente. Y si no lo logra, le enseñamos, para que él aprenda y pueda hacerlo.

Debemos animar a nuestros chamos a intentar hacer las cosas a su manera, tomar pequeños riesgos, afrontar nuevos desafíos.

58

Paulina nació casi en la semana 42, relajadita la nena, lo «común» es entre la 38 y la 40. Todos somos únicos, algunos entramos en el promedio, otros no entramos en el promedio. Así de simple es la vida. El problema es que nos acostumbramos a los promedios y por eso este embarazo se hizo eterno.

Está niña tiene una madre orgullosa, su PeloChicha, y un padre con el pelo verde. A la mierda el promedio.

¡Hola, Paulina!

Te esperamos taaaanto, hija mía, tenemos una montaña de amor para darte.

Es verdad, estábamos bastantito ansiosos, un poco rompepelotas diría yo. Disculpa, es que juraba y perjuraba que nacerías el viernes pasado, quería tanto tenerte en mis brazos, que tu manito se aferre a la mía, verte a los ojos y puedas sentir todo lo que te amo.

Gracias por venir a enriquecer nuestras vidas, ahora somos 5. Te estamos esperando para regalarte una vida llena de felicidad, jugaremos muchísimo, te contaremos un montonazo de cuentos, saldremos a pasear, soplaremos burbujas, cantaremos canciones, créeme que estamos listos para consentirte.

Sabemos que te gusta bailar, porque te vemos hacerlo súper en la panza de mamá. Cami, Marce y tu primo Felipe te fabricarán las mejores casitas, son unos genios. La pasaremos brutal, vas a ver que no te vas arrepentir de habernos elegido como tu familia. Te puedo asegurar, hija, que haremos que valga demasiado la pena.

59

¿Qué hace un payaso?

Un payaso lo que busca es mostrarte otra forma de ver el mundo. Desde una mirada más vulnerable, más lejos del poder.

Lo que pasa es que cuando reímos nos enamoramos, y todos deseamos ser amados. Por eso el *clown* busca que rías, para que te enamores y poderte mostrar el mundo como él lo ve. No es que sea mejor, es otro. Igualmente, yo sí creo que lo es.

Pero los grandes suponemos que nuestro mundo es así y ya, y nos perdemos la posibilidad de ver el mundo de los niños. Por eso compramos juguetes en vez de jugar.

Las culturas machistas (tanto mujeres como varones) se pierden la posibilidad de sentir el día a día de las mujeres, por eso se consume sexo y no amor.

Los políticos no ven la miseria de su pueblo, por eso necesitan hacer dieta mientras los pobres pasan hambre.

Por eso el payaso se pone intenso, se la cree, termina haciendo un berrinche y la pieeeerde. Porque su mundo no es «tener», es «ser».

Celebramos la vida riendo, bailando.

Cuando los cuerpos bailan, ríen, las almas se divierten, se pierden, se confunden, se encuentran, se enamoran, transforman el «quien soy» por el «quienes somos». Nuestros cuerpos bailando hicieron a Paulina y bailando la traemos a este mundo. Porque entre risas y bailes, todo está mejor.

«La Iglesia dice: El cuerpo es una culpa.
La ciencia dice: El cuerpo es una máquina.
La publicidad dice: El cuerpo es un negocio.
El cuerpo dice: Yo soy una fiesta».

Eduardo Galeano

La vida nos regala la oportunidad de aprender de nuestros niños. Nos brinda la opción de educarlos dejándonos educar.

A todos nos preocupa la educación de nuestros hijos. Y en esta preocupación vemos en una sola dirección, lo cual hace que perdamos la oportunidad de aprender de ellos, de enriquecernos como padres, pero en especial de aprender cómo educarlos, cuáles son sus necesidades, cuál es la forma más útil para él. Cada niño es único, enfrenta problemas y dificultades únicas. El formato de educación industrial no funciona, debemos generar una nueva mentalidad, es necesario escucharlos y sentirlos para generar una nueva propuesta.

«Los 5 tips para tener un hijo feliz» es un buen título para vender, y seguramente podemos encontrar herramientas positivas si las sabemos aplicar para acompañar a nuestros hijos. Pero la responsabilidad de saber leer entre líneas, generarnos interrogantes, adaptarlos a nuestra cultura, a la circunstancia emocional por la cual estamos pasando está en nosotros. Lo que compramos es el truco, pero necesitamos descubrir la magia.

62

La ropa reprime el juego

Cuando doy talleres de *clown* o improvisación, les pido que lleguen con ropa cómoda, y me impresiona que muchos llegan en *jeans,* incluso alguna chica en tacones o minifalda, lo cual se agradece también, ojo. Pero es como ir a jugar al fútbol con sotana. Esa ropa puede ser bonita, hacerte ver bella, incluso, pero no es cómoda para jugar, no le aporta libertad a los movimientos, restringe tu espontaneidad. Si tú haces una parada de mano en minifalda, brutaaaaal. Lo que yo piense tiene que ver con mis tabúes, pero en ese caso la ropa no te coarta el juego.

¿A qué quiero llegar? Los niños van a los cumpleaños a jugar, no a mostrar la faldita cara que le trajo la tía Ruperta de Francia. La ropa condiciona el juego, no les permite explorar tranquilos, jugar libres, de verdad. Estoy seguro de que el estado ideal para jugar es en interiores, en pijamas, por dos razones: por la libertad física y la libertad de conciencia, esa que repica en la cabeza con las frases de los padres «cuidado te manchas», «ahí no, se daña la ropa», «las niñas no se sientan así», «no gatees que los zapatos son nuevos».

Así que, de ahora en más, mis talleres serán en ropa interior o pijamas.

63

Del *clown* a mis hijos

La sociedad se basa en el «no». Nos puede llegar de formas contundente como: «no eres bueno para tocar guitarra», o los clásicos: «eres sordito». Acá es donde el payaso dice «sí», porque conecta con su placer, con su deseo. Él quiere tocar la guitarra, se imagina tocando la guitarra, por eso va a hacer lo imposible por tocar la guitarra. Él no lo hace con el fin de ser el mejor guitarrista del mundo, él no compite con los otros, este código social de siempre tener que superar al otro, de vencerlo así sea haciendo trampa. Él va a tratar de ser cada día mejor guitarrista, porque él compite consigo mismo, y como tocar la guitarra lo hace feliz, sacará todo lo maravilloso que tiene dentro de sí.

Yo quiero ser un buen padre y por eso me pongo la nariz, de forma imaginaria o no.

El *clown* trabaja desde el «sí», desde la aceptación, un «sí» ilumina su mirada, él no rivaliza con nadie, busca superarse día a día porque es feliz en lo que hace. Se valora por sí, no por el qué dirán. Entonces cuando corregimos a nuestros hijos, no nos preocupemos por lo que piensan los demás, preocupémonos por qué piensa ella o él.

«Hija, tú tienes que tener tu cuaderno prolijo, para...» En vez de «¿qué va a pensar tu maestra de este cuaderno? Tienes que tenerlo bonito como Laurita». No les llenemos la cabeza de lo que piensan los otros. Llenémoslos de «¿qué piensas tú, hija mía?», «¿qué deseas tú?». Que tome decisión sobre su vida, no que ande preocupada por qué pensara este mundo.

Y nosotros preocupémonos por tener hijos felices, en vez de tener una hija con un celular más caro que el de la hija de Julián.

64

¡A jugar!

Los payasos no jugamos para que nos vean, jugamos con quien nos mira. Los niños hacen exactamente lo mismo, es otro espacio donde comulgamos.

Démosle importancia al juego, descubrámonos jugando, no nos perdamos la posibilidad de despertar la creatividad desarrollando nuestra ingenuidad.

Juega por el placer de jugar, no utilices el juego «siempre» como herramienta para educar. Disfrútalo, desestrésate, seamos más payasos. Eso es tan significativo para nuestros hijos como para nosotros mismos.

65

Mi propio cuento

Durante mi infancia en Argentina, en Teodelina, cada 29 de junio, en pleno invierno, había fiesta. Todo comenzaba con la misa tempranito. Luego venía el desfile de caballos, las danzas tradicionales, asados gigantes.

Se armaba feria en el pueblo, vendían comidas, cotufas, copos de algodón.

Mi mamá a las 5 de la tarde me ponía un bonete y, junto a mi hermanita y a mi abuelo, picábamos una torta de chocolate con una taza de chocolate requetecaliente y me cantaban el feliz cumpleaños.

Luego salía corriendo a la procesión de las 7, donde segurito era monaguillo. Yo pensaba que así se celebraba mi cumpleaños. Inocencia de niño o ego de argentino. ¿Qué sé yo?

Después me enteré de que no se celebraba mi cumpleaños, se celebraba el día del pueblo, que ni siquiera era el día del pueblo, era el día del Sagrado Corazón de Jesús, el santo del pueblo.

Con la feria una vez vino un chamo de unos 25 años que cantaba canciones y tiraba pelotas para arriba. Mi prima y yo estábamos maravillados, lo mirábamos con los ojos grandototes. De grande me di cuenta que por razones distintas.

La señora Teresa decía que el muchacho era buen actor y malabarista, que recorría todo el país viajando de pueblo en pueblo con su *show*. Mi tía le respondió bien fuerte para que escucháramos mi prima y yo: «Ese lo que es es un vago».

Cuando llegué a casa le conté a mi mamá, estaba recontento:

—Mamá, ya sé qué quiero ser de grande.

—¿Qué quieres ser, hijo?

—Vago mamá, yo quiero ser vago.

De grande me fui a vivir a Buenos Aires totalmente decidido a ser vago, como decía mi tía, o *clown*, payaso, como realmente se llama mi profesión.

Entonces me di cuenta de que no era nada fácil, que hay que practicar muchísimo, que es como cualquier trabajo, profesión, oficio. Si cada vez que lo ejerces das lo mejor de ti, si sabes que tienes mucho para aportar a este mundo, si te sientes orgulloso de lo que haces, entonces hay un camino.

Cuando nos enamoramos de lo que hacemos, enamoramos a los otros, tenemos la posibilidad de servir y hacer real lo que nos imaginamos, y nos reinventaremos las veces que sea necesario, porque ahí está nuestra esencia.

Orgulloso de ser payaso.

Nuestros hijos deben saber que los amamos siempre, incluso cuando desaprobamos ciertas conductas de ellos y las queremos corregir. Momento difícil de la paternidad este, a ponerse el overol.

A mí no me gusta decir el castigo antes de que se porten mal, me suena a amenaza. Yo no sé si está bien o está mal. No quiero darles una respuesta, quiero que se hagan una pregunta.

Cuando ya pasó, intento que estemos solos y cómodos. Reconozco que en la casa más de una vez se escucha. «Camila, ven acá ya», o «Marcelo, ven urgente, sentate ahí», o «Paulina, ya». Como se darán cuenta, dejaron de ser Cami, Marce, Pauli, y el payasito se puso bien autoritario.

Mi mayor desafío es manejar la cólera, que el volcán no estalle, tener paciencia. Y si estallo, corregirlo, bajarle 20, pedir disculpas.

El control prepotente no sirve. Tengo presente muchos recuerdos de castigos, pero no la razón porque me los dieron. El doctor Samuel Aguilar dice: «Aunque estas pequeñas penalizaciones estén adecuadas a su edad, si se convierten en técnica educativa habitual, nuestros hijos pueden volverse increíblemente imaginativos. Disfrazarán sus actos negativos y tratarán de ocultarlos. Podemos ofrecerles una conducta aceptable con otras alternativas».

Por favor, escuchémoslos antes de sancionar, bajemos el dedo acusador. Muchas veces, ante la respuesta, nos quedamos con la boca abierta. Veamos por qué lo hicieron, apelemos al diálogo sin gritos, que entiendan que los conflictos se pueden resolver charlando. Si lo que hacemos es gruñir y sancionarlos, ¿cómo van a entenderlo? Tenemos que educar con el ejemplo. Luego les decimos por qué estuvo mal lo que hicieron, les explicamos las consecuencias que pueden acarrear en él o en ella, en la otra persona o en el objeto. Ahora tenemos que hablar de cómo no va a volver ocurrir, cosa que la próxima vez lo piensen antes de hacerlo.

Esta frase me es superútil en estos momentos: «Deja que la mente se calme y el corazón se abra. Entonces todo será diferente».

67

Para ser *clown* debes darte el permiso de salir de tu zona de confort, permitirte conocer tus otros yos. Como padres pasa lo mismo, nos autodescubrimos, nos reinventamos, vamos buscando nuestra mejor versión, reconociendo las luchas de poder que rigen la vida.

El *clown* está buscando siempre nuevas formas de comunicarse, de hacerse entender, igual que los niños. Nosotros debemos hacer lo mismo, averiguar nuevos códigos, ir rompiendo barreras, disminuyendo los juicios. Hasta descubrir el más apropiado para nuestro hijo en su edad, no quedarnos con el código que usaban nuestros padres o el que nos funcionó con el hermano mayor. Y al conectar con él, vamos a ir descubriéndonos, desinhibiéndonos, ver que lo que deseamos se puede volver realidad, regocijándonos en el juego, en pocas, enamorándonos.

El otro día presencié un partido de fútbol de niños y un par de padres (mamás y papás) estaban como locos, desaforados, incluso regañaban a los niños.

Hace tiempo me explicaron que a los actores no se les debe regañar delante de sus compañeros; yo la había cagado taaaantooo los primeros años con los actores de Improvisto. Enterarme de esto me marcó un montón y fue tan beneficioso para el trabajo grupal que intento no hacerlo con mis hijos frente a otros, incluso delante del hermano, un familiar o amigo.

Primero, porque es un momento ingrato para los dos, siempre queda un malestar, una especie de resentimiento. Aparte de que va a repercutir en el resto de los presentes.

Si no queda otra, porque hay que parar la situación, claro que se debe hacer, es el momento para resolver el inconveniente, para generar un aprendizaje en el niño, una ocasión para mejorar. Pero que no suene a amenaza, a gorila gritón. Busca hablar calmadamente, sin ofender. Todos merecen nuestro respeto.

Como fundador de Doctor Yaso, durante trece años jugué con niños hospitalizados. Pero reconozco que me desespera un simple dolor de cabeza, una gripe, me reconozco cagón ante la enfermedad; sé que es natural, pero no hay caso.

Jugar siempre es importante, pero cuando el niño está enfermito es vital. Todos podemos ayudar, todos podemos ser el payaso que ese niño necesita. De hecho, cuando Marce se fracturó y estaba en la clínica, Cami, que tenía 5 años, quiso que nos pusiéramos la nariz para juntos hacer reír a su hermanito.

No tienes que vestirte de payaso, todos los padres/madres —me siento de un boludo aclarando esto— somos los mejores payasos de nuestros hijos. Mientras más conoces a tu público, su cultura, sus gustos, su entorno, más fácil es hacerlo reír. Y si alguien conoce a ese espectador, eres tú.

Igualmente, como payaso de hospital no vamos a hacer reír, vamos a compartir desde la ternura, hablamos desde el juego, que es el idioma del niño. Y lo más importante, no necesitas haber tomado 10 talleres de *clown*, ser malabarista, acróbata, mago, cantante, etcétera, porque tú no eres el protagonista de esta historia, el protagonista es el niño y su necesidad.

Jugar ayuda a minimizar el estrés a la criatura y a vos. Cuando veas a tu hijo sonreír, te vas a sentir infinitamente feliz.

70

Un burbujeo tiene un poder mágico, es la herramienta que más usamos los payasos de hospital, después del juego.

Si vas a comprar un burbujero, que sea simple, los tecnológicos a veces se chorrean, ensucian todo, se pueden patinar. No tiene sentido gastar en uno carísimo, la alegría que se compra es corta, la que se genera dura muchíííííísimo más.

Así que no solo soplar y hacer burbujas, eso funciona, pero si le pones onda se multiplica. Explótalas con la nariz. Haz la más grande del mundo mundial. Interésate, juega con las burbujas, diviértete, esto hace que el juego perdure mucho más tiempo. Las burbujas son el truco, la magia está en vos.

71

«El que ayuda a los demás se ayuda a sí mismo».

León Tolstói

Está altamente demostrado que el buen humor ayuda a recuperar a los enfermos tanto en lo físico como en lo psicológico. Nosotros los payasos de hospital estamos sumamente claros de eso, por eso llevamos tantos años transformando los espacios hospitalarios, y en este transformar espacios nos vamos transformando nosotros.

Pero conseguir una sonrisa en otro no solo es beneficioso para el niño/persona que está pasando un mal momento, es muy provechoso para quien tiene la intención de hacer reír a otro. Hacer feliz a otro es un hecho altamente egoísta, un egoísmo positivo, sano. Cuando vemos a una persona alegre, cuando hacemos a un niño feliz, cuando arrancamos una carcajada a alguien que queremos, es tan potente el bienestar que genera en nuestra mente, que nos sonríe el alma. Por eso los padres, los enamorados, somos tan sanamente egoístas.

72

Cami ya aprendió a andar en bicicleta, Marce no está tan interesado. Dicen que a partir de los 4 años un niño puede andar en bici y que a partir de los 5 o 6 ya puede andar sin rueditas.

Ahora que aprendimos, me enseñaron un secreto que no conocía y quiero compartirlo, igual yo te voy a contar el mío, porque a andar en bici, como a miles de cosas en esta vida, se aprende primero con el corazón, luego con la cabeza y al final le pones el cuerpo. Consiste en quitarle los pedales y que se impulse con los pies. Cuando empiece a rodar, que levante los pies para que aprenda a andar en equilibrio. Luego le pones nuevamente los pedales.

A nosotros con Cami nos sirvió bajarle el asiento y que apoyara los dos pies en el piso, mientras la acompañaba sosteniendo el asiento desde atrás, eso le fue dando confianza. Me tocó correr un par de días tras ella, pero verla disfrutar siempre minimiza el cansancio. Importante que los frenos funcionen, ella fue lo primero que probó.

Tienen mucho miedo al comienzo, lo cual es supernormal, no te pases de caimán. El primer objetivo es que disfrute la experiencia, que venza el miedo. Atento si ves que aprieta mucho las manitos en el manubrio, si respira mal; ni bien lo veas, bájale dos. Es imposible aprender en pánico, no lo presiones, dale toda la seguridad que puedas. Usa casco, protectores, pero, ante todo, no te burles. (Soy repetitivo porque lo he sufrido y desgraciadamente veo a padres haciendo comentarios mordaces). Dedícale tiempo, dale coraje, felicita sus avances, pasito a pasito, suave suavecito... como dice el reguetón.

Marce no está muy interesado, así que prefiero generarle el deseo y no la obligación, que no se frustre. A mí me costó un montón aprender a andar en monociclo pero, como quería, le daba todo el día hasta que lo logré.

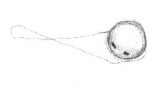

73

Estamos mucho más cerca, la presencia de Paulina es mucho más marcada. Cuando la beso a través de la piel de la madre, se mueve, responde a mis caricias con sus golpecitos. Cami y Marce le cuentan cuentos, solo hablan de la hermanita que todavía no nació. Las tías postizas le traen regalos, la tía Ana se zarpó y le trajo un ejército de regalos.

Pero la vaina no queda ahí, yo reconozco que siempre fui el tipo de pelo verde, el de Improvisto, el de Doctor Yaso, el papá de Cami y Marce, el novio de Ale Otero. Pero Ale generalmente es Ale, como mucho, si le tienen confianza, la PeloChicha.

Los otros días voy a dar una conferencia. Al terminar una señora me felicita por el embarazo y me dice: «¿Y cómo está la mamá de Paulina?».

Rodaste PeloChicha, ya no eres más tú, eres la mamá de Paulina.

74

«Loco, lo que estoy es loco del culo»

«Lo nuestro primero fue pecado,
luego delito y más tarde enfermedad.
Mientras yo estaba enamorado,
para ellos era un pervertido, un loco.
Esta última condena fue la que más
tardamos en quitarnos de encima.»

Jordi Petit

Cuando era chico, en mi pueblo no había gais (no sabíamos qué era eso. Podía ser una palabra de moda allá a finales de los años 70 en la gran ciudad, pero en mi pueblo no). Había solo un «puto», lo que para el venezolano sería un «marico».

Tenía 7 años. Estaba en el club y uno de los adultos nos dijo que ese muchacho estaba enfermo. Me acuerdo que pregunté de qué estaba enfermo. «Del culo», dijo, y se desparpajó de risa. Luego agregó: «Vos, gordo, no te preocupés, que la cara te protege el culo». Yo no entendí, me reí porque todos se reían; no sé ni qué habrá pasado por mi mente en aquel entonces, pero ni de vaina pregunté más.

Ya más grande conocí varios más que se iban a la ciudad a «poder ser» lo que eran, lo que deseaban ser. Una vez escuché «tan malo no debe ser eso, porque todos los que se van para aquel bando, nunca vuelven».

Cuando tenía 18, ya viviendo en Buenos Aires, intenté ser vegetariano mientras usaba el pelo largo y zarcillos. Mis amigos juraban que era gay; con esos «síntomas», hasta yo lo dudé. Para completar, la única chica en la que yo estaba realmente interesado era lesbiana. Me acuerdo que, intentando conquistarla, una vez me dijo: «No joda, si querés salir conmigo conseguí dos mujeres, una para cada uno». Yo igualmente pensaba: «Soy el "salvador" de esta chica», «la voy a curar»...

Ser homosexual es tan normal como ser heterosexual, pero recién en 1990 la Organización Mundial de la Salud (OMS) eliminó la homosexualidad del listado de dolencias psiquiátricas. Durante más de 100 años, los encargados de curar «los trastornos mentales» libraron de sus dolencias a gais y lesbianas con «terapias hormonales, el empleo de electroshock y cirugías cerebrales», desde que el genio de la psiquiatría alemana, Richard von Krafft-Ebing, los definiera en 1896 en su libro *Psychopathia sexualis* como «perversión sexual».

Lo que tenemos que hacer es sacar nuestra mente troglodita del clóset. Todos vivimos en alguna Narnia, a

todos nos cuesta sacar verdades a la luz, preferimos sufrir fingiendo en lugar de ser sinceros con nosotros. Muchos viven en el clóset «trabajo», otros se pudren dentro
del clóset «pareja» o el clóset «rol impuesto por la sociedad». Todos conocemos un tipo de 40 años que no quiere que su mamá sepa que... que su mujer sepa que... que
su hijo sepa que...

Yo, por ejemplo, salí del clóset cuando empecé a ser
payaso. Ahí entendí por qué los que salen del clóset son
así. Están orgullosos de SER. Yo ando en lo mismo todo el
tiempo, orgulloso de ser payaso.

Cuando tenemos miedo, todos apretamos el culo...
así que relájalo y disfruta.

Tal vez hoy don Richard von Krafft-Ebing entendería
que la verdadera enfermedad que el mundo necesita curar es la homofobia.

75

El papá payaso

La nueva paternidad se para en otro sitial del poder. Es más cercano a la gente y a lo que le pasa, que a lucirse como excéntrico. El pensamiento dominante suele ser erróneo en este mundo que no para de cambiar y evolucionar. Su relación es más sencilla, disfruta la complicidad de la ternura, la alegría por la alegría del otro. Está más ávido de descubrir lo que no sabe, con intención de educar desde el ejemplo que de imponer normas. Soplan tiempos de cambios.

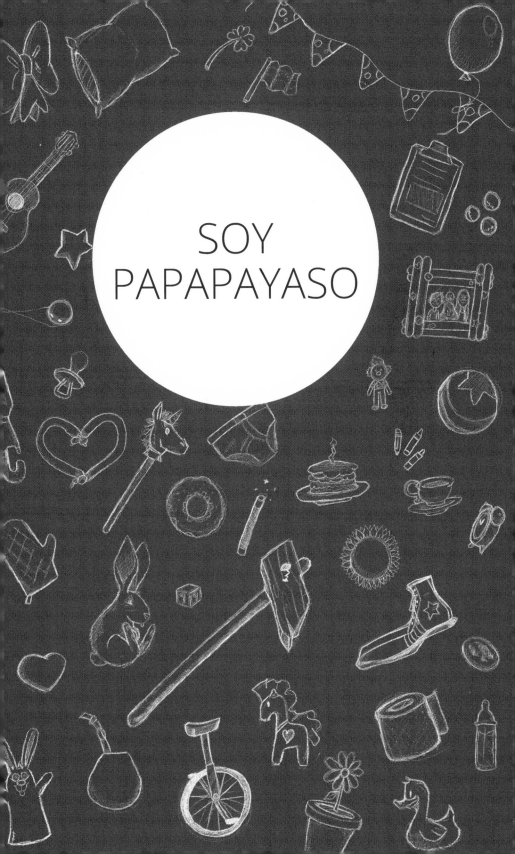

SOY
PAPAPAYASO

76

Soy feliz con mis hijos e intento dedicarles tiempo de calidad. Son mi emprendimiento más importante.

Mi teléfono es mi oficina, mi punto G. Vibra y pelo los ojitos. Un día fuimos al parque con mi hija, que tenía 4 años en ese momento. Estábamos jugando en el columpio y me llama alguien para un trabajo. Me pongo a hablar mientras la mezo, el cliente tiene dudas y la charla se pone larga. Por suerte la niña disfruta que la columpie.

Al llegar a casa me preguntan: «¿Qué hicieron?» Yo respondo: «Jugamos un montón». La niña: «Yo jugué, papá, tú hablabas por teléfono».

77

Todo hace suponer que yo tengo que enseñarles a mis hijos, pero la vida me ha puesto a aprender de ellos.

Gracias a ellos sé:

Que los grandes peleamos. Pero ellos juegan coñaza.

Que el amor se mide. «Papá, yo te quiero hasta el cielo ida y vuelta».

Que los golpes se curan con caricias y besos.

Que la galletita más sabrosa no es la más cara, es la más rica.

Que las palabras nunca podrán decir lo que dice una mirada o un abrazo.

Que los postres son mucho mejor que las comidas.

Que la comida es más rica si se come con las manos.

Que muchos sueños de mi niñez todavía siguen vivos.

Que cuando dicen «Papááá» y se agarran la cabeza ya es demasiado tarde.

Que no soy tan ateo cuando uno de ellos está enfermo.

Que los monstruos se esconden tras la puerta.

Que la palabra más cómica del mundo es «culo».

Que tengo que aprender de Santa, que les trae lo que ellos quieren.

Que jugar con el pene mientras miro televisión es una vaina de pinga, valga la redundancia.

Que el coco le tiene miedo a la luz. Ahora saco mis miedos a la luz.

Que dentro de la radio del carro viven unos señores chiquiticos. Y que la gasolina es la comida de los señores chiquitos que viven en la radio del carro.

Que Cami tiene estrellas guardadas en un pote de mayonesa.

Que no tengo que llenarlos de miedos, porque vale la pena vivir.

Que si hacemos un agujero bien profundo en la playa, llegamos a la casa de la tía Mara en Argentina.

Que Marce es raro porque tiene un dedo en la totona.

Que el mar tiene espuma porque Dios se lavó los dientes.

Que soy el papá más bonito del mundo. ¡Es así! ¿Qué saben ustedes de estética?

Gracias, hijos míos, todavía me queda mucho por aprender.

78

No tenemos por qué criar a nuestros hijos del mismo modo que fuimos criados (o sí). Miremos atrás para descubrir qué nos hacía sentir bien y qué no. Recuerda cuando pensaste que tu padre y tu madre eran unos genios. Esos momentos, repítelos.

79

«El mundo lúdico de los niños es tan real e importante para ellos como para el adulto el mundo del trabajo. Así que debemos concederle la misma dignidad.»

Bruno Bettelheim

Disfrutemos de nuestros hijos ahora, crecen muy rápido. Piensa que solo caminarán por primera vez una vez, solo dirán «papá» por primera vez una vez, solo dirán «papá» por segunda vez una vez y solo dirán «papá» por vigesimonovena vez una vez. Y tal vez nunca lo digan, pero siempre sabrán que estuvimos ahí.

El tiempo del trabajo es importante, pero está sobrevalorado solo porque da dinero.

Dedicarle tiempo de calidad a los que amamos nos ayuda a sacar lo mejor de nosotros. Valoremos lo verdaderamente importante.

Los momentos que más recuerdo con mi madre eran cuando jugábamos, íbamos a la plaza, nos leía cuentos, preparábamos torta, pisábamos hojas en otoño, hacíamos burbujas, barquitos de papel, en resumidas, todos esos momentos amorosos donde reíamos juntos.

Los padres tenemos que aprender a disfrutar con nuestros hijos, dejar salir el niño que llevamos dentro, sin duda es la mejor manera de enseñarles a divertirse. Estoy convencido de que un padre alegre criará un niño alegre.

Algunas veces los adultos acomodamos una discusión con frases hechas tipo «cuando seas padre/grande me vas a entender». Según esa conclusión, si nosotros ya fuimos hijos, ¿no seríamos nosotros quienes deberíamos entenderlos a ellos?

¿Por qué papapayaso? He querido ser padre desde que tengo 8 años, y hace unos 14 años que comencé a serlo. Empecé a formarme como payaso hace unos 21 años, y acá voy...

Hijos, gracias por enseñarme a ser padre; intento ser buen alumno. Sé que los hago renegar, que cometo errores, pero no duden que doy lo mejor de mí, que los amo inmensamente.

81

—Papá, ¿cuál es tu mascota preferida? —me pregunta Cami.

—Hummmm, no sé... el caballo. ¿La tuya?

—Un conejo rosa.

—Marce, ¿cuál es tu mascota preferida? —pregunta Cami.

—El dragón azul que lanza fuego y vuela.

Mientras más pequeño, más cerca del mundo fantástico. Necesito que regrese mi niño yaaaaa.

82

Nuestros hijos tienen ocurrencias tan brutales.

El padre molesto dice:

—Hijo, qué tengo que hacer para que dejes de jugar con los fósforos.

—Ya sé —responde el niño—. Comprar un yesquero.

Ante esta genialidad, es común escuchar: «Lo quería regañar, pero fue imposible, porque una vez que te ríes, perdiste».

Por el contrario, creo que debemos disfrutarlo, comerlo a besos y explicarle lo peligroso que es jugar con los fósforos. Si nos reímos, siempre ganamos.

83

Cuando me río, me suelo tentar mucho, tanto que me cuesta parar de reírme. Me ahogo, lloro. Cami (6 años) me ve así y me pregunta qué me pasa, por qué estoy llorando. Le explico que estoy contento, que estoy bien.

—Entonces se te agujereó el ojo.

Las palabras que nos dicen en momentos claves de nuestra vida nuestros padres, abuelos, tíos, maestros, esa gente grande que queremos y admiramos, se quedan para siempre, no se olvidan, es una herencia que está en nuestra memoria. Mi abuelo, como ya les conté, me dejó esta: «Jorge, no mientas, lo único que tenemos los pobres de valor es la palabra».

84

Que uno le diga a su hijo «jugaste un buen partido, pero tienes que hacer goles como Luisito, él es muy bueno...», es como que tu pareja te diga «reconozco que eres un buen polvo, pero la matraca de mi ex era otro peo».

Las comparaciones solo generan una competencia inútil, ansiedad por intentar complacer al otro. Resaltemos los méritos que nuestros niños tienen, que sepan que deben superarse a sí mismos y no tener como objetivo al otro. Y ayudemos con todo lo que esté a nuestro alcance para que ellos lo logren, y no llenarlos de frustraciones por saber que alguien es mejor que ellos.

85

Algunos papás tienen complejo de Santa Claus, pasan muy de vez en cuando, pero con regalos. Después dicen que el niño es un consentido, un malcriado. Démosles amor, dedicación, juguemos con ellos, escuchémoslos. Afecto, eso es lo que necesitamos todos los seres humanos, no que te compren con regalos.

Tenemos que desaparecer de nosotros el Papá Santa Claus, aquel que pasa muy de vez en cuando, que los niños quieren por los regalos que hace, no por el amor y lo comprometido que está con sus vidas.

86

Los niños creen que los padres tenemos superpoderes o ideas buenísimas. Considero que es importante que les digamos a menudo lo geniales que son sus ideas y cuánto pueden contribuir en la formación de su herma-no. Por ejemplo: «El consejo que me diste para ayudar a tu hermanito fue genial, ya ordenamos todo». «Gracias a lo que me dijiste me fue más fácil hacer la tarea con tu hermana».

Los hermanos aportan muchísimo en la educación del otro, se enseñan mutuamente de forma consciente e inconsciente. Debemos fomentar la relación ejemplar entre ellos y valorar las buenas ideas para resolver algún problema.

87

¡Jugar siempre es más importante que el juguete!

Cuando tenía unos 6 años fui a aprender a tocar la guitarra. El «profesor», que era muy joven (16 años) y no era un profesor, o sea, no tenía pedagogía, solo sabía tocar guitarra, me dijo que era sordo y me recomendó que no perdiera el tiempo.

Eso ha repiqueteado en mi cabeza durante 40 años. Fíjate cómo una frase te puede marcar.

Para mi cumpleaños 47, Ale, mi novia mujer amante, me regaló un cuatro, y eso me entusiasmó taaaanto, me dio tantas ganas. Busqué profesor y acá estoy, ilusionado de demostrar que «loro viejo puede aprender...» Me comprometí a dedicarle 15 minutos todos los días.

No quiero ser un gran músico, quiero agregar un «saber» a mi vida, quiero que mis hijos sepan que hay que vencer las palabras que nos paralizan y aprovechar lo que te entusiasma, potencia, enamora. También es una forma de perdonar al Jorge que creyó más en lo que le dijo otro que en lo que él deseaba SER.

Empezar algo nuevo es incómodo, como no sale bien uno se frustra, da penita que los otros se enteren de que uno no es bueno, que incluso puede abandonarlo sin llegar... Pero yo no voy a ningún lado, solo disfruto este nuevo recorrido, me ilusiono pensando en las canciones que voy aprender y lo comparto con vos en este libro solo con la intención de que te sea útil, que al leerlo pienses «si ese viejo sordo, disléxico, se anima, cómo no voy a animarme».

Como diría mi madre, «aprender está en vos, el único responsable en mejorarte sos vos». Lo importante es que te ilusione, que te ponga a brillar los ojitos...

¿Cuándo fue la última vez que aprendiste algo nuevo?

«Aprender es un placer intenso. Aprender equivalía a nacer. Se tenga la edad que se tenga, el cuerpo experimenta entonces una especie de expansión.»

Pascal Quignard

Dicen los que saben que un ser creativo es un ser imaginativo, dicen que la fantasía «da alas a la imaginación». Entonces contémonos historias emocionantes que atraigan a nuestros hijos. De esta forma, juntos crearemos miles de imágenes en su cabecita, al contrario de la televisión, que ya definió las imágenes.

El contar historias nos ayuda a empatizar con ellos, incentivar su creatividad, poner al héroe en alguno de los problemas o miedos que sienten nuestros hijos y darles opciones de resolución. Esto también suelo usarlo para que sepan que algunas de las cosas que sienten (rabieta, amor, celos, etcétera) no solo les suceden a ellos, que tanto a otros niños, como a mí mismo, nos pasan.

89

Me encanta contarles cuentos a mis hijos en cualquier momento, no solo antes de dormir. Aprovecho esos espacios en los que jugamos juntos para transformar alguna de mis fantasías en ficciones que, por tiempo histórico, por espacio de nacimiento, o por una pila de circunstancias, no pude vivir. Algunas son más cercanas y otras un poco más divagaditas.

Un ejemplo. Si estamos jugando al fútbol, piso la pelota y le digo: «Marce, te conté el día que fui a jugar al fútbol con Messi». Y por ahí me voy... terminamos rockanrroleando con el Leo, Kim Basinger y Eli Shane (este personaje no puede faltar nunca. Si él no está, a Marce no le interesa nada. Así que él lanza babosas para todos lados) en un bar de la avenida Baralt donde los Rolling Stones cantaban «Yesterday» con Jorgito Bergolio.

Marce todavía es pequeño y la cosa no es tan difícil. Ahora, con Cami (7 años) la cosa se pone compleja. En cuanto le digo: «Cami te conté que ayer me encontré en el gimnasio con Draculaura», y que me dijo «¿Tú eres el papá de Camila? Qué bello. ¿Quieres venir a tomar un helado conmigo?», Camila me mira fijamente, pelando los ojos, baja los hombros al estilo «papá, por favor». Y me lanza: «Papá, ¡es imposible! Draculaura está enamorada de Clot... aparte, tú no vas al gimnasio, por eso tienes esa panza».

Hijita, si usted sabe que no es así, y sabe que yo sé que no es así, no puede permitir que esta vacua realidad arruine mi fantasía. ¿Qué pasó con la niñita que le escribía cartita al hada de los sueños? Yo quiero, hijos, que en la universidad de la vida aprendan a volar, no a ser aviadores.

90

Comenzaron las vacaciones y todos estamos pelando. Por lo tanto, veamos qué podemos hacer para gastar lo menos posible. Reconozco que los niños solo necesitan divertirse, el gastar para pasarla bien es algo que hemos comprado los grandes, valga la redundancia, pero junto a ellos podemos pasar un día genial sin gastar más que un día común.

El tiempo que pasemos juntos nos va a ayudar a fortalecer nuestra relación y el vínculo afectivo, así que aprovechémoslo.

Tenemos que dispararle a la imaginación. Solo cambiar el medio de transporte a los niños los motiva, entonces, lo que hacemos en carro, se pone bueno si ahora es caminando, en metro o en carrito por puesto...

Salir a descubrir parques, ir a una casa e imaginarnos cómo es la gente que vive adentro, salir a dibujar al aire libre, sentarnos en la acera de enfrente y dibujar nuestra casa, usar ropa de los padres, karaoke, hacer helados con jugo, armar una casita, una nave, juegos de mesas, juegos tradicionales, pompas de jabón.

Hay otra muy simple y holgazana, pero no falla, llevarlos a un parque, plaza o casa, donde haya otros niños, van a jugar hasta el cansancio y no se aburrirán.

Eso si te pierdes ser parte de la rumba, si solo eres un observador.

91

En vacaciones, mis hijos están dos semanas conmigo y dos con la mamá. Mañana volvemos a estar juntos. Hace un rato me llamó Marce (5 años) por teléfono.

—Papá, ¿vamos a Japón mañana? Hay una ciudad de Pokemon.

—Mañana es muy difícil, hijo, claro que un día podemos ir. Ahora papá no tiene tanto dinero, pero si queremos lo vamos a lograr, lo que sí tenemos es que estudiar, trabajar, ahorrar, y un día vamos a poder ir.

—Ok. Entonces... ¿vamos el miércoles?

—Hijo... (retomo la explicación)

—Yo tengo dos billetes marrones y uno verde. Te los presto y vamos con Cami, RuliBaby y Ale.

—Es que faltaría mucho dinero, hijo, te prometo un Japón de jugando para mañana y en el futuro...

—Tu futuro está muy lejos papá. Como los grandes no pueden, Cami me dijo que ella me acompaña.

Me pasa a Cami (8 años):

—Papá, después de llevar a Marce a Japón podemos ir a Ecuador.

Los amo, hijuchos, ya iremos a buscar Pokemones a Japón y de regreso Cami conocerá la mitad del mundo.

92

Cuando yo era pequeño, era cagonazo, le tenía miedo a la oscuridad, al hombre de la bolsa, a las inyecciones, a las alturas, a las tormentas con viento, a las pruebas, a que se me olvidara el poema en el acto, y una pila de etcéteras.

No existe miedo ridículo. ¿Qué le da más legitimidad a un miedo que a otro? Te puede asustar un trueno o un mosquito.

Recuerdo una vez que un tío, de esos que son tíos prestados por la vida, me pidió que trajera leña del galpón para alimentar el fuego de la cocina. El galpón estaría a 15 metros, era un invierno fortísimo, la noche estaba cerrada, no se veía ni a dos metros. Recuerdo que estaba parado quietito lleno de angustia en la puerta de la cocina y escuché: «Sea hombrecito y traiga esa leña, ¿o prefiere que vaya su hermanita? Los machos no tienen miedo a la oscuridad».

Unos 40 años después supe por qué había ido a buscar esa leña, llorando como un perro, pero fui. Es que los seres humanos le tenemos más miedo a la vergüenza, a la humillación, que a cualquier otro miedo.

Tener miedo es normal; ridiculizar a una criatura por esto es de cobardes.

93

Hay días que despierto a los niños a la carrera. Esos días segurito me distraje viendo el celular. Pero siempre intento que sea agradable y sin sobresaltos, me acuesto al lado de ellos, les digo lo importante que son para mí, les doy besos, caricias, les pongo musiquita, que remoloneen un rato. También puedo ser el león que despierta a su leoncito y se lo lleva cargado sobre la espalda al baño. El príncipe que necesita un beso de su princesa para no volverse sapo.

Comenzar bien el día es superimportante, un mensaje positivo, una caricia. Que lo primero que pase en sus días les saque una sonrisa.

94

Cuando charlo con otros papás, me doy cuenta de que un punto difícil para «los padres hombres varones del sexo masculino» es el manejo de la ira. Hay que hacer un gran esfuerzo para poder calmarse, mantener el bienestar y la tranquilidad con nuestros hijos. A mí tambiéééén me cuesta tanto, pero taaantooooo.

Igualmente, calma. Seamos positivos, busquemos dar nuestra mejor reacción, la más equilibrada posible. Averigüemos cuál es el problema, ellos necesitan ser escuchados.

¿Nos gusta que nos escuchen cuando hablamos? A ellos también.

A mí me sirve agacharme para hablarles de cerca, mirándolos a los ojos, acariciándolos o tomándole las manos, que sientan que les brindo toda mi atención y que quiero comprenderlos. Esto no quiere decir que voy a hacer luego lo que ellos quieran, pero sí que es importante que ellos lo expresen.

95

Del mundo empresarial al mundo paternal. Yo vivo de dar talleres y conferencias en el mundo empresarial. El otro día un gerente me contó sobre un mecanismo que desconocía. La cuestión es muy simple, necesitas una hoja, lápiz y dos símbolos, por ejemplo, un palito y círculo. Yo elegí sonrisa :) y carita triste :(, si lo sé, demasiado viril, solo me faltó dibujar una carita de cada color y ponerle pestañitas.

Vamos a los hechos. Cada vez que haces un comentario negativo (palito), que les desapruebes algo —los «no»—, regañas, corriges (este se las trae), pones un símbolo. Igualmente, cada vez tengas una relación positiva (círculo), caricias, abrazos; este es fácil, es todo aquello que les saca una sonrisa.

Ahora veamos. ¿Cuál de los símbolos dibujamos más? ¿Somos quisquillosos o simpáticos?

En el mundo empresarial, por esto de ser serios, se centran mucho más en corregir que en felicitar. ¿Como padres qué?

Te aconsejo que lo hagas varios días y con distintas circunstancias. A mí me pasó el cuarto día, un sábado de

esos que tenés que hacer mil cosas, a las 10 de la mañana, ya iba palo abajo cuando me di cuenta, trampeé la
prueba y los consentí para terminar en un día positivísi-
mo más IVA.

96

Es una estupidez, pero a ellos les encanta. Les pongo mensajes en la lonchera de cuánto los quiero.

Se los digo todos los días, pero les mando un dibujito o un escrito, cosa que, al buscar la comida, también se llenen de cariño. Dos por tres les escribo un chiste, una carita feliz, una vez le puse una foto a Cami y me dijo: «Papá, ¿quién es esa niña tan bonita?». Humilde, la nena. En pocas palabras, uso la lonchera como si fuera nuestra red social.

97

¡Feliz cumpleaños, Marcelito!

Te quiero muchísimo, hijo. Estoy tan orgulloso de ser tu papá. Tu amor me reconforta tanto, Marcelucho, me hace tan feliz sentarme a charlar con vos, aprender a ver el mundo desde tu mano, hijito.

Sabes, dicen que nosotros somos parecidos, bueno, yo también creo eso. No te preocupes, vos sos la parte simpática, yo el hinchón. Se me caen las lágrimas, esas de contento, esas de saber que tengo un superhijo. Cierro los ojos y recuerdo el día de tu nacimiento, casualmente un día como hoy. Un chiste boluuuudo, como vos decís.

Quiero ser tu juguete preferido. ¿Te acordás en la piscina, cuando tú eras el surfista y yo la tabla, cuando preparamos el desayuno para las chicas y se quemó por buscar flores, o cuando le ganamos a los vecinos jugando al fútbol? Éramos unos genios.

Quisiera no haberte fallado nunca, Marce, pero te tocó un padre imperfecto, te toca a vos, a Camila, a Paulina, enseñarme a ser mejor papá.

Hijo, sabes que siempre puedes contar conmigo, yo te amo muchísimo, eres un chamito tan puro, te adoro, hijo mío. Me cuesta horrores escribir todo lo que te amo, me bloqueo. Igualmente, te lo seguiré diciendo todos los días de mi vida, con palabras, cuando nos miramos y con abrazos, de esos largos con caricia de cabeza y besos.

¡Feliz cumpleaños, mi hijucho grande! Buena vida por siempre.

Papá

98

Hace un par de semanas la cagué mal, con buena intención, pero no siempre alcanza. Y lo quiero contar porque este no es un libro para hablar bien de mí. Los padres nos equivocamos. Y no está bien, por eso te cuento mis experiencias, para que vos las evalúes y elijas solo las que te sean útiles.

A Marce (6 años) le cuesta todavía leer, entonces él se distrae mucho haciendo la tarea; muy simple, no lo disfruta, no lo entiende. Por un consejo, probé hablarle fuerte y exigirle que esté atento. Groso error, se lo dije varias veces, y el hecho de hablar fuerte me puso eufórico. Él miraba para cualquier lado, no me paraba a lo que le decía, entonces yo le tomé la cabeza y le dije que se pusiera las pilas. Fue terrible, sé que no fue violento, por suerte Cami estaba con nosotros y me lo ha certificado.

Le pedí mil disculpas, le expliqué por qué lo había hecho, le prometí que no volvería a pasar nunca más. Y sé que no va a pasar nunca más, hijito.

¿Qué pasó? Las recetas son las recetas, pero cada uno las entiende de una forma y les puede poner un sabor único, o volverlo un plato incomestible.

Ahora les puedo decir que la táctica de hablar fuerte puede servir a otro padre, yo tengo mis severas dudas, pero a mí no me sirve, no me gusta, no lo sé hacer. Fingí ser fuerte, tenerlo claro, ser el que manda, y ese no soy yo.

Por más que mil profesionales me digan que a veces hay que hablar fuerte, que hay que hacerse respetar, yo estoy seguro de que el respeto no está en el tono que se le pone a la palabra, está en la verdad con que vivimos cada hecho. Ojo, no quiero culpar a un tercero, yo soy responsable de mis elecciones. Solo asumiendo mi responsabilidad, puedo corregirlo.

Te amo, hijo mío, yo soy el que tengo que aprender a leerte.

99

Bruxismo o «el arte de rechinar los dientes»

Yo alguna vez pensé: «Qué bella herencia le dejé a mi hija. Ahora ella hace la misma musiquita que yo toda la noche».

La doctora me explicó que es supercomún en los niños desde los 5 hasta los 12 años, seguramente desaparece al entrar en la adolescencia.

En principio no te preocupes, en principio ayuda a la formación de los músculos y de los huesos del rostro. Lo normal es que desaparezca al terminar el recambio de dientes y salir las muelas. No hace falta tratamiento a no ser que la criatura tenga inflamada la mandíbula, sufra de dolor de oídos o cabeza.

¿Qué lo genera? Ansiedad o estrés (separación, nacimiento de un hermano, mudanza), desarrollo físico, cambio de dientes, alergias...

Como Cami tiene el combo completo, la doctora me recomendó bajarle dos a la actividad física y mental antes de dormir. Nada de televisión unos 30 minutos antes de ir a la cama. Un bañito de agua caliente, un té, leer cuentos, cosa que se acueste relajada. Usar aromaterapia, lavanda, melisa, menta, bergamota.

Siempre hay que asegurarse de que esté comiendo adecuadamente, la alimentación a esta edad es fundamental, y que se esté hidratando bien.

Igualmente, cuando lo lleves a la visita periódica del médico o dentista, coméntale. Mi intención es quitarte preocupaciones, no es que sea el doctor Domingo Mondongo.

100

A mis hijos les encanta cocinar y a mí me encanta que les encante. Somos un desastre. Nos embadurnamos, se nos tuesta, pero la pasamos genial. Cocinar nos permite compartir, contar anécdotas, que tengan presente a mi familia en la distancia. Ellos saben hacer la sopa, el arroz y las tortas fritas como la abuela Elba de Argentina, la milanesa como el tío Chino. Las arepitas flacas como las prepara Ale, y saben asar mejor que yo, lo cual no es ninguna hazaña.

Marce ha inventado métodos para dar vuelta a las panquecas. Todavía no funciona, pero algún día saldrá.

En la cocina también se aprende a dar lo mejor de uno para complacer al otro, esto también es hacer el amor. Cuando ponen el plato en la mesa, les brillan los ojitos, esperando que lo probemos y les digamos cómo quedó eso. En casa, siempre pero siempre después de probar la comida, alguien grita: «Un aplauso para el cocinero». Con este aplauso le agradecemos su entrega, su disposición por hacernos feliz.

Y al terminar, nos turnamos para lavar los platos, sacudir el mantel, barrer las migas del piso, y generalmente hacemos una sobremesa con té.

101

Queridas mamás, los papás hombres machos, del género masculino, podemos y queremos quedarnos a solas
con nuestros hijos. ¡Entiéndase! Lo que no queremos es
bañarlos, peinarlos y cocinar comida sana. Nos aguanta-
mos el tufo, comemos cotufas y pasta... lo hacemos solo
con la *sana* intención de mostrarles que hay otras formas
de ver mundo, que las reglas están hechas para romper-
se... o de puro tripeo.

102

Cada vez que pensamos en salir juntos, para los niños el departamento de la señora Luisa en la playa es ideal. Piscina, arena, mar y, lo más importante, amigos con quien compartir en un ambiente familiar.

Para mí es una opción que puedo pagar y ellos disfrutan mucho la libertad. Un par de juguetes, poca ropa, hacemos mercado, nos cargamos al Dragón, mi carro, y aterrizamos en la playa.

Lo increíble del paseo es que el mar limpia todas las gripes, catarros, mocos y alergias habidas y por haber. Una buena dosis de protector solar y a jugar, pasan el día construyendo castillos, piscinas en la arena, correteando en las olas, mientras disfrutan de la naturaleza. Y después de ese desgaste de energía descomunal, ellos llegan directo a dormir y nosotros a disfrutar la noche en pareja.

Nos vamos dos días y volvemos nuevos.

103

A mí me gusta charlar, reunirme a tomar un café con mis panas, tomar un vinito y hablar pajita con la PeloChicha; no solo cuando tengo problemas, si no siempre, por el placer de conversar. Lo mismo me pasa con mis chamos, no quiero hacerlo solo para enseñarles algo o, peor, para regañarlos, quiero hablar para que sepan que me importan.

Necesito ese tiempo a solas con ellos, jugando con las muñecas, paseando en la bicicleta, practicando fútbol, algún juego de mesa siempre nos sirve de excusa. Reconozco que hay temas que les incomoda más platicar, pero el juego nos acerca muchísimo.

Cada uno de ellos es diferente, tienen distintas edades, por lo tanto, tenemos ganas de hablar sobre otras necesidades. También es el espacio para que sepan que yo estoy para ayudarlos, entender lo que les puede estar pasando, que me gusta escucharlos, que me incumben sus necesidades, que sepan que pueden contar conmigo, como dice Benedetti.

Si la charla es jugando, te aconsejo estar atento a lo no verbal, los niños dicen muchas cosas con las palabras y muchísimas otras con sus gestos y silencios.

Si la charla es con un té, un jugo, una caminata de por medio, a estas les pongo el título de «vamos a charlar un rato», intentando que sea más directa, no por eso que deje de ser divertida. Acá, a la inversa que en la otra, donde tiene prioridad el juego, es importante que nada nos distraiga, me gusta que nos miremos a los ojos. No quiero estar pendiente de la cocina ni ellos de la televisión.

En este tipo de conversaciones me aseguro de que hay escucha e interés de parte y parte. Intento ser concreto para no aburrir y dejar un mensaje claro con lo que digo. Me aseguro que entendieron, si no, intento con un ejemplo.

Siempre una caricia, unos besos y un abrazo para cerrar refuerzan esa cercanía que dejó la palabra.

Hagamos un trato

Compañera
usted sabe
que puede contar
conmigo
no hasta dos
o hasta diez
sino contar
conmigo

si alguna vez
advierte
que la miro a los ojos
y una veta de amor
reconoce en los míos
no alerte sus fusiles
ni piense qué delirio
a pesar de la veta
o tal vez porque existe
usted puede contar
conmigo

si otras veces
me encuentra
huraño sin motivo
no piense qué flojera
igual puede contar
conmigo

pero hagamos un trato
yo quisiera contar
con usted

es tan lindo
saber que usted existe
uno se siente vivo
y cuando digo esto
quiero decir contar
aunque sea hasta dos
aunque sea hasta cinco
no ya para que acuda
presurosa en mi auxilio
sino para saber
a ciencia cierta
que usted sabe que puede
contar conmigo.

Mario Benedetti

104

Cuando jugamos con Marce, Cami y Pauli, hablamos en tres idiomas, el de los mortales, el de la fantasía y el del amor. Y nos decimos lo que sentimos, lo que nos pasa, lo que nos admiramos, lo que nos duele, incluso lo que nos mandaron a decir, todo sin miedo. Es nuestro espacio de libertad donde no se hacen preguntas, donde solo nos comprometemos con el disfrutar, no nos evaluamos. Le damos un sacudón a la realidad, para que no sea tan inexorable, y la mentira ya no es tan mentira. Es parte de nuestra fantasía, así la aceptamos. En esto andamos, nos conocemos, reconocemos, para reconocernos, drenar dolores y seguimos enamorándonos.

Primero tenemos que jugar, conectarnos con el placer del juego, y así, jugando, aprender a jugar. No se puede aprender a jugar por imposición. Que la criatura sienta que lo importante es él, no el juguete.

Hoy veía a un papá enseñando a jugar al niñito con el bicho[3] a control remoto, le dio tantas explicaciones, le mostró tanto cómo debía usarlo porque si no se podía

● ● ●

3   Eran unas cuatro ruedas con luces que se retorcían, no sé cómo llamarlo.

romper. Cuando el niño intentó, lo corrigió automáti-
camente. El niño dejó el juguete para volver a patear la
pelota contra el murito. Los juguetes, mientras más simples, mejor, que sean para jugar, que la criatura pueda
disfrutar, hacer ejercicio, complacerse, no que terminen
jugando por el niño.

Si los papás queremos juguetes, escribamos nosotros nuestra carta a Santa o a los Reyes, y no jodamos
taaaaaantooo.

105

La semana pasada venían unos amigos a casa a visitarnos por primera vez, entonces Cami (8 años) y Marce (5
años) iban a ser los anfitriones.

Todo empezó el día antes, fuimos a comprar lo que
necesitaban para preparar las arepas especiales, ellos
son muy buenos haciéndolas. Limpiamos la casita, pusi-
mos agua en la nevera (nosotros la tomamos al clima),
arreglaron con flores, pusieron un «Bienvenido» en la
puerta, nos aseguramos de que hubiese papel higiénico, se hizo un listado de la música que iban a escuchar
(fuertes peleas entre los hermanos al momento de la se-
lección, ganó el reguetón por paliza). Decidimos cuál era
el mejor mantel para el pícnic, en qué parte de la casa lo
íbamos hacer, incluso existía variante por si llovía. Nos
repasamos cosas que debíamos hacer y qué no debíamos hacer, hay que pensar que uno de mis panas es vegetariano y podía aparecer con ese tipo de comidas que
él considera rica y nosotros... bueeeeno, eeeeste, claaaa-
ro, también nos encantan (íbamos a probarlas, decir que
estaban sabrosas, pero preferíamos otra cosa).

Ellos llegaban a las 9:00, pero Marce y Cami a las 6:30 ya estaban despiertos queriendo cocinar. Hicimos un predesayuno para aguantar hasta que llegaran los invitados.

Cuando llega la primera persona, Marce sale corriendo, nos deja atrás a nosotros dos, entonces lo llamo para que vayamos juntos. Regresa y me dice un poco hastiado:

—Ya sé, papá —empezó a enumerar con la manito—, tengo que ser simpático, decir gracias, probar la comida del tío y no decirle que es un asco, tampoco puedo tirarme peos... ¡¿Ni de los silenciosos?!

106

Es tan fácil decir «tenés que compartir», «los buenos niños comparten».

Compartir es una de las vainas más difíciles de la vida. Aprender a compartir es importante como ser humano, pero no es tan simple.

Cuando compartimos algo casi lo desvalorizamos, le quitamos el hecho trascendental de «es mío y ni se te ocurra tocarlo».

Cuando yo le digo a Paulina: «Hija, comparte tu galletita con Laurita», es más o menos como que yo esté comiendo sushi y venga mi vecino Daniel, meta la mano en mi plato y se engulla un roll. Cuando yo lo miro con cara de culo él me dice: «Tenés que compartir; los buenos vecinos comparten». Entonces comprendo, me tranquilizo, y no pasa nada.

Que un niño hasta los 4 años no quiera compartir es recontranormal. Esa criatura no entiende el deseo del otro, solo entiende lo que siente, es el momento egocéntrico de su vida, no hay que obligarlo. No va a entenderlo. Está en nosotros educarlo, pero no presionarlo.

Paulina, con tres años, ya le está agarrando la vuelta. Entonces, cuando no quiere comer la berenjena, dice:

«Papá, quiero compartir la berenjena con vos». Hay cosas de menor valor que comparten, y en eso podemos apoyarnos.

Cuando Laurita le agarra la Barbie nueva a mi hija y ella no quiere, empiezo: «Pauli, hay que compartir la muñeca si no la estás usando. Es un ratito, después te la devuelve».

Y lo peor del caso es que me creo un tipo razonable, que estoy en lo correcto, que estoy dando ejemplo de vida, porque en esa frase va todo ese combo.

Pero supongamos que Daniel es quien llega a mi casa, agarra mi carro nuevo y se va a dar unas vueltas. ¿Qué pienso?, ¿qué hago?

Tengo otro ejemplo. Si el pedazo de rata de Daniel viene a mi casa, agarra mi mujer y le pega una buena usada. Yo voy a ser tan comprensivo de pensar: «Jorgito, hay que compartir la muñeca si no la estás usando. Es un ratito, después te la devuelve».

¡De bolas que noooo! Yo no la usaré, pero ¡esa vaina es mía! ¡Nojodaaaaa!

Jorge Parra

107
Dile a tu hijo que lo amas.

No importa cuando leas esto, deja todo y hazlo.

108

Hijos, nosotros celebramos a cada rato el amor y la amistad. Pero hoy es un bonito día para decirles cuánto los amoooooo.

Los amo cuando les acaricio el cabello al despertar, les doy besitos, mientras les cuento el día maravilloso que vamos a vivir.

Los amo cuando les preparo la comidita que a ustedes les gusta tanto, por más que me signifique estar horas haciendo un reguero en la cocina, y los amoooo mucho más cuando dejo que ustedes la destruyan para preparar esos platos geniales.

Los amo cuando respiro profundo y hago un esfuerzo para encontrar un tono respetuoso, palabras bonitas para corregir algún error, para ponerles normas. Yo sé que no siempre sale, pero cuando no sale, también los amo, hijos míos.

Los amo cuando hago un gran esfuerzo por cumplir algún compromiso que asumo con ustedes, y también los amo cuando, sufriendo, les pido disculpas por no poder cumplirlos. Aunque el 90 por ciento de nuestros compromisos solo me llenan de placer, hijos míos.

Los amo locamente cuando los miro a la distancia, lleno de orgullo.

Los amo cuando invento una excusa para pasar un ratito más por la escuela a llevar eso que a lo mejor necesitan. Realmente paso a encontrarme con sus miradas, con sus sonrisas, con el beso que tanto deseo.

Los amo cuando miro la comiquita o los *youtubers* esos que tanto les gusta, para aprender más sobre los que les interesa.

Los amo cuando son mis líderes y me llenan de «sí se puede, solo hay que intentarlo una vez más».

Los amo taaaanto cuando aceptan a quien amo.

Los amo cuando salimos a caminar, cuando tomamos té imaginando historias y contando chistes, coleccionando estrellas, cuando caminamos descalzos en el pasto, cuando nos acostamos sin bañar, hacemos pícnic en cualquier lado, vamos a la panadería en pijamas, juntamos flores, comemos chupetas en el borde de la acera, paseamos en bicicleta, jugamos pelotas, jugamos muñecas, jugamos, jugamos, jugamos... Es que amo tanto su compañía.

Los amo cuando lloro mientras escribo esto, porque no quiero estar escribiendo, quiero estar jugando con ustedes.

Feliz día, mis amores. Gracias por enamorarme a cada ratito.

109

Siempre me costó horrores mostrar mis sentimientos o tener demostraciones de afecto en público. Pensaba que le quitaba seriedad a la cosa, que era una cursilería, «mariconadas de mujeres».

Recuerdo la primera vez que le dije a mi mamá que la amaba, tenía como 18 años. Ya no vivía en mi casa. Tuve que juntar toda la fuerza que da la tristeza de estar lejos para atreverme.

¿Llevarle flores a una chica? Ni de vaina. Solo una vez me atreví, me las metí dentro del abrigo y tenía mi excusa preparada por si me encontraba a un conocido decirle: «Estoy yendo a ver una tía que cumple años».

¿Llorar? Menos que menos. Si la película me ponía a moquear, antes de que terminara me cambiaba de silla en plena oscuridad y luego salía de primerito de la sala.

Increíblemente, a los 22 años me encontré con la técnica del *clown*. Empecé a deformarme o transformarme. Nuestro oficio tiene que ver con hacer reír, pero ante todo tiene que ver con redescubrirse, encontrarse con el *yo* vulnerable y sacarlo a jugar. Y como cualquier oficio, profesión, *hobby*, mientras más lo practicas, más se vuelve tu forma de vida.

Luego me encontré con esto de ser padre, que solo se puede serlo perdidamente enamorado de los hijos.

Ustedes dirán «¿por qué escribió esto este boludo?». Bueno, hoy me encontré con esta frase de un viejo payaso y brotó todo esto:

«El acto más revolucionario que puedes cometer en la sociedad de hoy es ser feliz en público.»

Patch Adams

110

Filosofía mondonguera sobre el vaso medio lleno o medio vacío, o terapia ronera, ¡usted dirá!

Y si ese vaso soy yo, si es un elemento comparativo de cómo veo la vida, a veces estoy lleno de cosas que me ilusionan y otras estoy lleno de porquerías.

He sabido pasarla bien vacío, otras, ansioso y desesperado porque «alguien» me llene (sepa disculpar este pedazo de chinazo) y me he perdido la posibilidad de disfrutar ese vacío.

Toca vaciarse de ese lastre y de esa ambición desmedida por estar «lleno», tener por tener, incluso lo que es peor, tener para que te vean lleno, mostrarte lleno porque lo *cool* es estar lleno, así no te guste lo que tomes, lo que disfrutas.

A ver si me doy a entender. Esos vasos llamados «Maradona» «Whitney Houston» «Amy Winehouse» «Anthony Bourdain» estaban llenos de lo que los otros tomaban, muy llenos, incontrolablemente llenos, y ellos se desbordaban a cada rato hasta que un día se rompieron. ¡Y ahí estamos nosotros juzgando!

Claro, puede ser un pobre vaso de cartón que como le metieron o metimos dorado el muy boludo se llegó a creer que es de oro o un cáliz sagrado, que también se fisura. Y ahí van nuestros intereses.

«Le dio un lepe a la vieja por rompepelotas. Pobre papa, lo que tiene que aguantar» o «¿puede esto ser el vicario de Cristo? Francisco reprende y golpea a una abuelita que pasaba frío soñando con alguna vez tocar a su santidad».

Tal vez los Fabulos Cadillacs tengan razón:
Siempre habrá vasos vacíos
con agua de la ciudad
la nuestra es agua de río
mezclada con mar.

En especial con esta estrofa:
Levanta los brazos mujer
y ponte esta noche a bailar
que la nuestra es agua de río
mezclada con mar.

111

Paulinadas

Pauli eructa. Le digo:

—Pauli, ¿perdón?

—Te perdono, papá.

—Papá, vamos a jugar memorias.

—Dale, te voy a ganar.

—Pero sin trampas.

—¡Papá!, ¡sin trampas es más difícil!

Cada vez que Pauli o la PeloChicha se tiran un peo —yo no hago ese tipo de cosas— uno dice: «¿Y ese olor? ¿Quién fue?». Pauli siempre dice: «¡Yooo!». Toda contenta, así sea la madre la responsable. Insisto, de mi cuerpo no salen perfumes fétidos.

Ayer vinieron unos amigos a casa, de repente escucho: «¡Fuuuuuchiiii!». Me estaba poniendo rojo cuando alguien dice: «¿¡Quién se tiró ese peo?!» Y Pauli dice: «Yoooooo».

Me dije, déjalo así Jorgito, tampoco vas a discutir por boludeces con la criaturita, no le robes la ilusión.

112

Los niños juegan, y jugando son felices.

¿Te gustó la frase?

Entonces, fuera prejuicios, cágate en el qué dirán y dale. Jugá, jugátela.

¿Miedo...? ¿Sabés qué me da miedo? Pasarme la vida imaginando lo feliz que hubiera sido si me hubiera atrevido.

SOMOS FAMILIA

113

Muchas veces el fin de semana duermo con mis hijos en la misma cama. No sé si está bien, pero me encanta, indudablemente me tengo que aguantar las patadas. Pero las rosas tienen espinas.

Igualmente, cuando no duermo con ellos, intento decirles todos los días lo importantes que son para mí.

—Te amo, hijo, eres superimportante para mí.

—Gracias, hija, por transformarme en el papá más feliz del mundo, estoy tan orgulloso de ser tu papá.

—Mucho más importante que hacer goles es que te diviertas, Marce.

—Cami, se nota tu esfuerzo, cada día eres mejor en matemáticas, ya casi no puedo ayudarte, sabes más que papá.

—Qué bonito dibujo, Pauli.

Quiero, necesito, deseo que sepan cuánto los amo, lo bellos, inteligentes y creativos que son. Sé que hay cosas que corregir, pero yo sostengo que si me enfoco en los defectos pueden perder el deseo de seguir, de inventar, de intentarlo una vez más.

Quiero impulsar sus sueños, que sepan que vale la pena vivir plenamente. No quiero por nada del mundo que piensen que la vida es gris y que tiene poco sentido. Yo quiero que apuesten por ellos, que arriesguen por ellos, que sepan que pueden lograrlo.

114

A los niños hay que hablarles de forma que te entiendan claramente, sino eres un marciano, o mínimo hablas otro idioma.

Esto fue hace rato, mi hermana vino de Argentina a visitarnos y a conocer a Marce, que recién había nacido.

Llevamos al parque a mi hija (4 años) y la vecinita que tiene la misma edad a jugar. Llegamos corriendo a casa porque querían ir al baño.

Mi hermana le dice a la nena:

—Vení, bajate la pollerita y la bombacha rapidito mientras te limpio el inodoro.

La nena le dice a mi hija:

—¡¿Habla en inglés, tu tía?!

En argentino la pollera es la falda venezolana; bombachita, pantaleta; inodoro, poceta.

115

Los otros días veníamos en el carro los tres y por primera vez Cami (8 años) me preguntó por la muerte. Me bloqueé todo, respiré y dije algo así:

—Todos nos vamos a morir, hijos, algunos más viejitos, otros más jóvenes, pero todos morimos, por eso es tan importante disfrutar la vida, hay que jugar mucho, abrazarnos, darnos besos».

—Papá, ¿vos te vas a morir primero? —preguntó Cami.

—Por ley de vida, así debería ser, los más viejitos nos deberíamos morir antes. Igual, a lo que hay que darle importancia es a la vida, no a la muerte.

Marce (5 años) suelta con total elocuencia:

—Papá, yo le voy a decir a la abuela que cuando se muera nos cuente, así no te morís nunca.

116

¿Seguir solo por los niños?

Estoy convencido de que nuestros hijos solo pueden ser felices si sus padres son felices.

Una de las cosas que más me sorprendió fue las charlas con mis amigos, hijos de separados. Incluso una me contó que ella en su adolescencia, junto con su hermano, un poco mayor, fueron quienes les pidieron a sus padres que se separaran, que no querían ver más esas caras en las mesas, cosa que habían sufrido toda su vida. Tiempo después pude hablar con la mamá de mi pana. La señora me contó que solo habían permanecido juntos porque «qué va a decir nuestra familia» al principio, y luego por los hijos.

Mi relación no era terrible, no había peleas furibundas, insultos de formas constantes, portazos. Yo me fui distanciando, no me interesaba armar tantos planes con ella. Solo quería estar con mis hijos, o en mi trabajo. Estaba más pendiente de las charlas de WhatsApp. Engordé, tenía gastritis, me costaba dormir, se me caía el pelo, andaba mal humorado, en pocas palabras, estaba en la mierda. Igualmente, pensaba que tenía que intentar ponerle onda para permanecer juntos por el bien de los niños, por lo menos hasta que mis hijos tuvieran 18 años, después vería lo que hacía.

Hicimos viajes, acomodamos la casa, le cambiamos el color, movimos los muebles, era todo igual, nada me ilusionaba o me daba razones para seguir viviendo así. Solo mis hijos. De hecho, en esos momentos que uno discute y se pone necio, estúpido, bruto, llegue a pensar: «¡Que de pinga sería ser viudo en este momento!». Yo sé que esto está mal, lo que más me asombró es que, cuando se lo conté a otros casados, muchos coincidieron (tanto mujeres como varones). En pocas palabras, somos unos cagones, queremos que el trabajo lo haga el destino.

¡Mereces ser feliz! No te sientas ni busques culpables. ¡No los hay! Lo que sentías se fue acabando, caducó, ya no existe... No existe un solo modelo familiar, ¡a Fangulo con los puristas!

No estoy a favor del divorcio, creo a pleno en la relación de pareja, en vivir el amor, es el mejor estado del mundo. Pero solo se puede seguir juntos con cara de enamorados. A veces nos acostumbramos a vivir en estado insatisfactorio, en buscar terceros para culpar, yo creía que gran parte de mis problemas era la crisis política y económica que vivimos los venezolanos. En pocas, me la pasaba buscando responsable afuera, yo que llevaba 11 años dirigiendo Improvisto, grupo de improvisación donde una de nuestras mayores consignas es «el único responsable de lo que pasa en el escenario soy yo, culpar a otro no me da solución». ¡¿Y en el escenario de mi vida qué?! Yo que doy talleres de *clown*, repetía esta premisa a cada rato: «Uno debe SER, no actuar». ¡¿Y en el escenario de la vida, Jorgito?!

Solo se predica con el ejemplo, cada acción, cada cosa que hacemos provoca efecto en nuestro entorno. Solo los padres felices pueden criar hijos felices.

117

Mi mamá era muy humilde, pero ella siempre nos llevaba de viaje. «¿Dónde quieren ir?». Nosotros corríamos a
traer el atlas universal, apuntábamos con nuestro dedito.
«Acá». Señalábamos un lugar en el mundo. Ella abría el
libro en ese país y, según las imágenes que había, empezaba a inventar la historia.

Así fue como recorrimos Francia de punta a punta
en bicicleta. De ahí agarrábamos un camión para estar 2
minutos después conociendo Barranquilla. Yo obligué a
que nos echáramos ese viaje, porque para allí se va el caimán y bueno... quería conocer. Después podíamos agarrar un bote e ir a buscar flores a los jardines colgantes
de Babilonia, solo porque a mi hermana se le antojaba.

Ahora así viajan mis hijos.

118

El fracaso social

Yo no hablo de la paternidad porque sea buen padre, porque sepa hacerlo bien. Les hablo de esto porque la vida con mis hijos me hace sumamente feliz. Y estoy seguro de que cuando somos felices con lo que hacemos, porque nos hemos enamorado de lo que hacemos, empezamos a aprender. Empezamos a aprender de nosotros mismos, de nuestros niños, a aprender de lo que nos pasa, de lo que nos pasó cuando fuimos niños.

Tal vez para algunos es imposible que un tipo separado sea buen padre, tal vez tengan razón. Yo solo sé que de mis hijos no me separo, porque los amo profundamente. Y así como las sonrisas se contagian, el amor nos multiplica. Cuando nos enamoramos, es mucho más fácil amar profundamente.

El día que les conté a mis hijos fue realmente el más difícil.

Mi psicólogo se había ido de viaje por 3 semanas y lo último que me dijo fue: «Si aguantaste tanto para separarte, espera hasta que regrese». Ley de Murphy, ese fin de semana se fue todo a la mier...

El lunes en la mañana los llevé al colegio como siempre, ya no había vuelta atrás con mi decisión. Divagué hasta la hora que salían de clases llorando por cada rincón de Caracas. Antes de buscarlos armé un pequeño morral y lo metí en el carro, una amiga me había ofrecido casa por unos días. Les di la comida, los bañé, y llegó el momento.

Empezó a llover, me senté con ellos, mi ex me acompañó. Fue dificilísimo, lo había practicado, había medido las palabras durante la tarde para ser concreto y que doliera lo menos posible. Seguramente mi angustia se sentía, intentaba controlar las emociones, hasta que Marce (5 años) preguntó: «¿Es para siempre, papá?». Cami (8 años) me abrazó y lloré, lloramos todos.

La lluvia amainó. Los agarré y nos fuimos a bailar a la terraza, bailábamos, nos reíamos, les pedía perdón, los besé de mil formas, el agua disimulaba nuestras lágrimas, nos abrazábamos, nos decíamos cuánto nos amábamos, nos quitamos la ropa, les repetí que ellos no tenían ninguna culpa, que iba a hacer lo imposible para que fuéramos felices, que los amaba profundamente y que así no podía más.

El cielo se limpió. Aparecieron las estrellas y la luna. Los sequé, no quise bañarlos, siempre pensé que esa agua fue una bendición (cosa de *hippie* o la necesidad de creer en algo) los acosté. Cuando se durmieron, me fui. No dormí nada, fue la noche más escatológica de mi vida

(este estado me duró meses). Al otro día, a las 6 am llegué a despertarlos para prepararles el desayuno y llevarlos al cole. El amor de padre es para siempre.

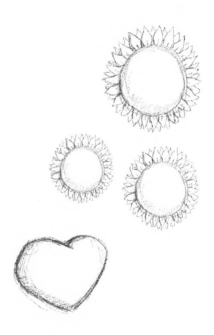

119

Ella es mi papá/mamá. Como millones de mujeres en este mundo, le tocó cumplir el doble rol.

Gracias, madre, por todos los esfuerzos para crearnos e inculcarnos lo que creías que sería lo mejor para nosotros. Ahora sé lo gigante que era tu esfuerzo para poder alimentarnos, vestirnos, educarnos, y los miles de etcétera, a punta de limpiar casas, poner inyecciones, hasta vestir muertos. Ahorita entiendo que rezaras tanto, que creyeras en todos los santos, incluso en la palabra de los que cobran por traducir a Dios.

¡Te amo, vieja! Sé que te lo he dicho poco, tengo miles de excusas para esto, tal vez la peor de todas, que «los hombres no dicen esas cosas», «que no es de machos llorar», «que hay que hacerse hombre (cuando tienes 5 años)». Y acá ando, mamá, intentado desaprenderme para aprender de todo el amor que me brindan mis hijos.

120

Yo amo estas tres formas de viajar, con la mochila, en los libros y en los besos de los que amo.

Cuando yo era niño, la gente culta leía y la «gente bien» forraba sus casas en libros, para que uno pensara «¡cuánto leyó este señor!».

Mi mamá nos enseñó a leer desde muy pequeños. Nos zambullíamos en las figuras, los colores de los cuentos, hasta que poco a poco las palabras nos cautivaron. Aprendí a disfrutar la lectura por placer, por diversión, nunca por imposición.

Una de las cosas que más placer me producía leer eran las noticias necrológicas. Si en otro pueblo había muerto un Parra, yo le pedía a Dios que por favor fuera familiar mío, así nos bañábamos, tomábamos el colectivo y nos íbamos de «paseo» al velorio.

121

¿Hasta que la muerte los separe? Ahora entiendo porque los curas son solteros.

¡Separarse es muy díficil ¡Y separarse con hijos es terrible! El amor a tu pareja se puede haber agotado, pero solo el hecho de pensar que no vas a tener a tu lado como estabas acostumbrado a tus hijos, te perturba. Estuve mucho tiempo dándole vueltas a esta decisión, me costó horrores. Quería mucho a la madre de mis hijos, me parecía una mujer muy de pinga, pero no estaba enamorado.

Sinceramente no creía mucho en los psicólogos, pensaba que eran los curas modernos, donde la gente pagaba para confesarse y seguía igual en la vida. Haber tenido una novia estudiante de Psicología tal vez no me ayudó mucho. Un día de esos, el Dragón (mi carro) se descompone y lo tengo que llevar al mecánico. Entonces, en mi filosofía barata, concluyo, si llevo a mi carro al mecánico, debo llevar mi cabeza al psicólogo.

Realmente me fue superútil. Por primera vez me escuché diciendo lo que me pasaba, no podía creerlo, había hablado del tema con panas que se habían separado y tenían niños, con amigos que estaban en eso ahorita, con mujeres separadas con hijos para ver qué les pasaba, con amigos que son hijos de separados (quiero que sepan que estos son los más convencidos de que lo mejor y lo más sano es la separación), y que nunca a nadie le había dicho la total verdad. Por primera vez ante un desconocido, estaba diciendo y me estaba diciendo toda la verdad.

122

Se despertaron, preparamos el desayuno y a volar pa-
pagayos (barrilete, cometa, papalote, chichigua, chiringa,
etcétera). Era urgente, no teníamos tiempo que perder,
nos fuimos en pijama. Desbordaban de alegría porque
sí, corriendo de un lado al otro para que no se cayera,
apuñalando el viento para verlo bailar.

Los miraba y me veía a mí hace pilas de años jugando
a lo mismo. Cami me da un beso y me dice que le encantó
la idea.

¿Cuántos besos le deberé a mi madre? ¿Cuántos «me
encantó tu idea, viejita?». Gracias, hijitos, por educarme,
por recordarme a tiempo todos los «gracias, mamá, infinitas gracias» que todavía debo.

123

Hoy una abuela me dijo una frase, y me pareció tan bonita: «Criar a nuestros hijos nunca termina, lo bellísimo es que te regalan la felicidad de hacerte abuela».

Cuando yo era chiquito tenía un montón de tíos que no eran mis tíos sanguíneos, pero como yo no sabía de esas cosas eran mi tío Juan, mi tía Negra, etcétera. Lo mismo pasaba con los abuelos, que realmente eran solo viejitos. Pero eran los abuelos de todos, porque todos mamábamos de su sabiduría y esas enseñanzas se las pagábamos con cariño.

Mi abuelo era mi mejor juguete. Cuando tenía unos 7 años, mi abuelo empezó a sufrir una enfermedad llamada arteriosclerosis. Mi recuerdo puede ser mentira, pero yo lo atesoro así. Al llegar del colegio, comíamos, y mientras mi mamá ordenaba toda la casa, nos sentaba a los 3 en la acera de la vereda, el abuelo, mi hermanita de 4 y yo, con estas frases: «Se portan bien y se cuidan», «Marita (ella tenía 4 años), si ves que se portan mal, me avisas».

En cuanto mi mamá se metía al zaguán, mi abuelo se paraba, espiaba para asegurarse que mi madre llegara a la cocina, y empezaba a dar órdenes. Le daba un poco de barro a mi hermanita y le decía que hiciera una torta. «Jorge, agarra el caballo y busca las vacas».

Yo me subía a un palo... arre, caballo, a buscar vacas, ovejas, incluso elefantes. A veces me tardaba más porque tenía que buscar lo que mi hermana necesitara para decorar la torta.

Esa enfermedad ya no existe más. No es necesaria. Ahora los niños llegan de la escuela y prenden el televisor. Un par de años después también llegó el televisor a mi casa y el abuelo decidió apagarse.

«Solo los olvidados están realmente muertos», dijo Tess Gerritsen.

124

Es de hermanos quererse, y es de hermanos pelear. «Te gané la carrera», «yo dibujo más bonito». Clásico de cuando le ganaba una carrera a mi hermana o ella hacía un dibujo más bonito.

Mi mamá muchas veces nos solía contar el cuento de los dos ponis; yo lo sigo contando, me gustan las historias sin dueño o esas de las que nos adueñamos todos, que no se compran, que se dan de saber en saber.

Dos hermanitos tenían cada cual su pony. El de Henrique era azul con cola naranja, y el de Martina plateado con cola rosa pálido. Todos los días salían de la escuela, subían a su pony y corrían carrera hasta la casa, que estaba a unos 500 metros, y siempre ganaba el azul. Martina quería muchísimo a su poni, pero le generaba molestias que el otro fuera mejor, que siempre ganara.

Un día el papá los manda a llevar un recado a la casa de don Portales, que vivía en la otra punta del pueblo, como a 2 kilómetros, 4 veces la distancia de la escuela.

Suben a sus caballitos y salen corriendo. El azul picó en punta hasta la panadería de Varelo. Cuando ya iban más o menos por la funeraria del viejo Basile, el plateado de cola rosada estaba a la par, llegando a la bomba de gasolina de la entrada del pueblo. Martina sonreía, su caballo era el que llevaba la delantera. Al llegar a lo de Portales, ya le había sacado 100 metros.

Mi mamá terminaba siempre, pero siempre, con esta palabra: «Moraleja». Que muchas veces ganemos una carrera no significa que la vamos a ganar siempre. Los que no son tan buenos en distancia corta, tienen una nueva oportunidad en distancias largas. Y nos preguntaba. ¿Por qué ganó el caballo de Marita hoy?: Porque es mejor en distancias largas, porque le dio agua, porque el azul estaba cansado, porque uno es bueno en distancia corta y el otro en distancias largas, porque, porque, porque...

Un beso a cada uno, y a dormir cabalgando praderas.

125

Una nueva vida lo cambia todo. Desde que Cami (9 años) y Marce (6 años) saben que Ale está embarazada, usamos otros términos, estamos atentos a lo que comemos, a nuestros juegos bruscos. Un ejemplo, el otro día nos enteramos de que RuliBaby (ese era el nombre de Pauli mientras no sabíamos el sexo) tiene el tamaño de una zanahoria. En automático, los niños corrieron a la nevera a ver cuál era el tamaño de la hermanita.

Como Ale no ha engordado con el embarazo, yo llevo 3,6 kilos en 4 meses, alguien tiene que hacerlo. Por lo tanto, estos muchachitos han bautizado mi lipa como PanziBaby. Todo es así, las palabras claves de cualquier conversación son bebé, baby, hermanito, peso, crecer, tamaño.

Marce sale del baño y anuncia:

—Tengo el pene grande. Está creciendo mi PeniBaby.

126

El día que cumplí 18, ese día elegí para decírselo. Fui a casa a celebrar con mi madre, hermana y algunos amigos. Ya vivía en Venado Tuerto, a 90 kilómetros de Teodelina, mi pueblo.

¡Lo había decidido! Estaba superasustado, le diría la verdad. Si esta no funcionaba, tenía varias excusas, incluso un arsenal de mentiras.

Prendí un cigarro, medí cada palabra que iba a decir, lo apagué apurado, entré a la casa. Mi madre le estaba arreglando el cierre al pantalón negro, me senté: «Mamá, me quiero ir a vivir a Buenos Aires».

En cuanto le conté, mi madre me agarró la mano que tenía sobre la mesa y empezó con que ella quisiera siempre tenernos a su lado, que Buenos Aires estaba lejos... pero «si te hace feliz, hacelo, hijo. Yo siempre voy a estar acá cuando me necesites. Si sientes que es lo mejor para vos, hacelo, no lo dudes».

Me miraba. Yo estaba paralizado. «Vas a ir a compartir con tus amigos que te están esperando, mañana me contás mejor». Me dio un beso y se metió en su habitación.

Salí camino al bar, en la esquina de la plaza prendí un cigarro y doblé para el otro lado.

Caminé, caminé, caminé tanto. Hacía burda de frío y viento. Me reía de que lloraba como un boludo y seguía llorando y riendo. Buenos Aires estaba cerca.

127

«Las únicas palabras que
merecen existir son las palabras
mejores que el silencio»

Juan Carlos Onetti

Si algo que tienen los cocineros es una extrema virtud al momento de poner un nombre o de describir un plato. Jamás te dirán «acá tenés un poco de tomate con queso y orégano. ¡Jamáááás! En cambio dice: «¿Apeteces una ensalada caprese? Es una de nuestras especialidades. Un plato que tiene su origen en Capri, Italia. Está compuesta por rodajas de tomates, láminas de mozzarella de búfala aromatizadas con hojas de albahacas frescas, regado con un suave aceite de oliva». La misma cosa, pero mucho más apetecible. De hecho, el tipo no es un cocinero, es un chef, que es mucho más chic.

El caso es que el señor Víctor Moreno me presentó una belleza de palabra: «mamastra» y «papastro». Él también está separado, los dos han rehecho su vida, por lo tanto, su hijo tiene mamastra y papastro.

«Ale», como le dicen mis hijos, le saca brillo a esa palabra, es quien los consiente con la comida que a ellos les gusta, quien los acaricia cuando se golpean, la que les cuenta cuentos locos a la hora de dormir, quien les hace peinados bonitos «porque mi papá no sabe», quien les corrige las tareas de inglés «porque mi papá no sabe», quien les corrige la de matemáticas «porque mi papá se olvidó, está muy viejo».

Gracias, Novia mía, por querer, consentir, aceptar y cuidar a Cami y a Marce. Mil gracias por tu paciencia, tu madurez al momento de charlar con ellos, por ayudarme a educarlos, aunque eres superconsciente de que esa es responsabilidad de sus padres.

Te amo tanto, «mamastra PeloChicha».

128

¿Cómo sé si es peligroso lo que ven los niños en internet?

Los pobres tenemos como niñera la televisión o la computadora. Marce llega a casa y se escucha desde la calle:

—Aleeee, ¿me prestas la *tablet*?

Yo sé que a veces estamos agotados, o todavía tenemos un montonazo de cosas que hacer. Igualmente, es importantísimo saber qué consumen nuestros hijos, uno se confía porque están viendo Disney, pero de lo que no nos damos cuenta es que es un contenido para adolescentes. Yo sé que no están viendo porno (asegúrese de tenerlo bloqueado, porque si no haciendo *zapping*...), pero están recibiendo una información que un niño de 7 años no tiene las herramientas para procesar, porque no está hablada en el lenguaje de él.

Si uno se preocupa muchísimo con quién va a dejar sus hijos si tiene que salir un par de horas y no puedo llevarlos, igualmente debe preocuparse de la niñera electrónica.

Para mí lo más útil es tener el control de tiempo y el control de contenido.

Con respecto al control del tiempo, nos ponemos de acuerdo. Si tiene tarea, Cami prefiere hacerla antes; Marce seguramente prefiere mirar primero televisión porque está exhausto de la escuela, entonces acordamos cuánto tiempo va a mirar.

Con respecto al contenido, los dos saben que les reviso el contenido en el historial, los dos saben claramente que su papá lo hace, que no es que estoy espiándolos, si no que me estoy asegurando que están consumiendo un contenido adecuado, porque hay mucho material que les puede hacer daño y es mi responsabilidad advertirles y protegerlos de estos problemas.

Yo haciendo esto juraba que me la comía. Que era el Rocco Siffredi de los controles. Entonces una mamá me dice: «¿Y no has probado con Qustodio?».

¿Qué es eso? Bueno, hay un montón de apps que nos pueden ayudar a controlar y educar los hábitos de los niños en internet.

Te dejo algunas, elige la que consideres más útil: Qustodio, Web Filter PC, Amigo Control Parental, ESET Parental Control.

129

¡Corre, papá, corre!

Hay días que se pasan a mil, nos despertamos preparamos el desayuno, loncheras, la ropa para el colegio,
corremos al colegio porque se hace tarde. Trabajamos,
mercado, redes sociales y ya corriendo a buscarlos al
cole, para hacer tareas, bañarlos. Stop. Stop.

Pase lo que pase, día tras día lo importante es la relación que tenemos con ellos, el «estar» con ellos, no correr
a su lado. Para todos es realmente importante el afecto,
frenar para abrazarlos, darles un beso. Decirles todo lo
que los quieres es tan importante como la comida.

Este acelere nos pone regañones, malhumorados.
Los niños no entienden por qué estamos molestos, su-
ponen que es por ellos.

Nuestros hijos no deben dudar de nuestro amor in-
condicional. Pisemos la pelota, como se dice en el argot
futbolero, veamos dónde estamos parados en la can-
cha-vida y qué hacemos con la pelota-tiempo. ¿Correr
para ganarle a quién? Juguemos, disfrutemos con los que
amamos. De eso se trata, atesorar momentos, no correr
y correr y correr y correr.

130

Cami y Marce están felices con la llegada de Paulina. Reconozco que tenía miedo a cómo iban a reaccionar cuando se enteraran. Por lo tanto, busqué ayuda profesional y de experiencia de otras parejas amigas. Mis hijos fueron partícipes durante todo el embarazo, nos acompañaron un par de veces al médico, se maravillaban con los ecos, le dan consejos en la panza, lo cual estoy seguro que ayudó mucho a reforzar el vínculo de los 5.

No ganó el nombre que ellos decidieron, porque si no la pobre niña se llamaría en el mejor de los casos «Soy Luna», o su cédula diría «Picachu Parra Otero».

Ahorita están ansiosos esperando a su hermanita, preparan la casita, se preparan a sí mismos, y consienten a la PeloChicha.

131

¡Hola, Ale! Nació Paulina y ya todos estamos perdidamente enamorados de ella.

Pasaste a ser la mamá de Paulina... Igualmente, seguirás siendo mi Novia, mi PeloChicha, mi compañera de locuritas, mi fábrica de sonrisas, la tipeja que me enamoró perdidamente... y...

Muchas veces pienso: «¡Qué pedazo de culo!». No me refiero a tus nalgas, la presbicia no me afecta tanto.

¡Tripeo tanto compartir mi vida con vos! ¡Que ando así, feliz!

También sé que muchísimos días ando estresado por boludeces, agotado. Esos días solo quiero estar en tus brazos, me das tanta paz. Tú crees que me tocas el pelo, y lo que haces es acariciarme el alma (nivel cursi, supersayajin III + IVA).

Ser padres transformará una vez más nuestras vidas. Créeme que es una experiencia fantástica, extraordinaria, todos los sinónimos no alcanzan, y también un poquitín, un pelín abrumadoooooraaaaa. Ahora vamos a tener la regla los dos, vamos a estar supercontentos y llorando al mismo tiempo. No dormiremos nada, como anoche.

Así de cagante. Pero a vos, flaca valiente, eso te da más adrenalina.

Cuando tomo a Paulina en mis brazos y me quedo pegado mirándola, me doy cuenta de que tal vez lo único que no tenga de nuestros genes es el pelo chicha y verde. Tengo que contártelo ahora, mi pelo verde no es natural.

Seguro va a ser cariñosa, cursi, bella, prolija, coqueta, está en mis genes. Dramática, voluble, apasionada, extrovertida, algo tienes que aportar tú. Hará, como su madre, las mejores arepas del mundo entero mundial, unas pastas con crema de leche exquisitas, sufrirá como una boluda junto al protagonista de la película, será la última en irse de todos lados e incluso lavará las pantaletas con jabón azul.

Seguro, segurito va a ser tu cómplice y la de Cami. Irán al baño las tres juntas, esas cosas inútiles que después de miles de generaciones las mujeres todavía no comprendieron que pueden hacer solas, mientras Marce y yo las esperamos, esperamos, esperamos..., esperamos..., espe....

Novia mía, una nueva vida comienza. Paulina multiplicará nuestra felicidad y yo seguiré amándote taaantooooo como tú me haces sonreír.

132

Doña Elba nació en el campo. Es la menor de 7 hermanos, y empezó a trabajar desde chiquititica. Se ponía un trapo de delantal y ayudaba lavando las papas, pasaba la escoba por el patio, cambiaba el agua a los perros.

Así, jugando, aprendió a cocinar, arreglar la ropa, sembrar, cosechar los tomates en el tiempo justo, ordeñar la vaca.

Como a los 12 quiso aprender a escribir, quería saber qué había dentro de los libros. Se ganó la vida limpiando casas, criando pollos, poniendo inyecciones, algún peinado, vistiendo muertos y un montón de etcéteras. Al llegar a la casa, esa madre/padre de dos hijos comenzaba la faena para bañarlos y hacer la tarea con ellos. Así fueron mejorando sus matemáticas.

Yo sé el secreto del por qué sus flores son tan bellas y las hortalizas relucientes. «A todas les gusta que una les cante. Pero también tenés que hablarles todos los días al regarlas. ¿Ves aquellas hortensias? Siempre les digo lo guapas que se van a ver en la mesita del comedor donde está la virgencita. A estas auyamas las entusiasmo diciéndoles qué fuertes y contentos van a estar los muchachitos cuando tomen esa sopa. Entonces las planticas crecen con ganas y no permiten que los gusanos las embichen».

Y todavía tenía tiempo de estudiar. Para eso pasaba por el correo del pueblo a buscar las lecciones que le llegaban de la ciudad. Así aprendió peluquería y enfermería.

A los 82 años cuida «viejitos» que están en sus casas. Ahora atiende a una señora, llega a las 4 de la tarde, la baña mientras le cuenta los chismeríos del pueblo, prepara la comida, ven la novela. Al otro día la despierta con el desayuno, le da los remedios y la peina para que esté bonita cuando pase el hijo.

El fin de semana su corazón anda hinchado de contentura, los nietos suelen venir de la ciudad donde estudian y ella tiene que atenderlos. Reciencito llegó a su casa, se bajó de la bicicleta apurada, va a preparar ñoquis de papa.

Cuando la hija le reclama para que no trabaje tanto, que no hace falta, que descanse, que ya ha laburado bastante toda la vida, doña Elba dice con una sonrisa en los labios: «Dejame, así es como yo me divierto. Si no hago nada, me aburro».

Te quiero, mamá.

133

«Ni muy muy... ni tan tan» solían decir los abuelos cuando te decían un montón y no te decían nada.

Se ha industrializado la vida, hay que dormir 8 horas, comer 4 veces al día, tomar 2 litros de agua al día, bañarse una vez a la semana... bueno lo de bañarse una vez a la semana es exagerado, cada 15 días va bien.

Marce es de la familia de los gallos, a las 6 de la mañana está despierto y feliz, tan feliz, que lo primero que hace es tender su camita. Cami modorrea, se para y se pasa 20 minutos frente al espejo antes de acordarse de que fue a lavarse la cara. Su horario creativo es de noche, ahí le gusta hacer las tareas, ponerse a leer, charlar sobre el futuro.

Yo, bueno, yo soy padre, así que no tengo idea de cuál es mi horario lúcido, en el caso de que haya existido alguna vez. Me paro a las 5:30 y me acuesto a las 12, deambulo el día entre la comida, el colegio, lavar ropa y quedarme pegado mirando las redes sociales. A los padres nos mueve otro tiempo, no el de dormir 8 horas, el de la felicidad de nuestros hijos. Los escuchamos, vemos, sentimos que sonríen y tenemos energía para

rato. Igual, ni muy muy... ni tan tan... necesitamos descansar, nuestros hijos se merecen padres sanos física y
mentalmente.

134

Si no amas a tu mujer, termina esa relación. Ella tiene derecho a ser amada y vos a enamorarte.

Alguna vez leí, este graffiti: «¡Te amo! Pero no es para tanto. Es para siempre».

Pensé: «qué cursi» Pero el amor es cursi, ridículo, comeflor, escatológico, pasional, en pocas palabras: payaso.

¿Por qué te amo, Ale?

Porque jugamos, me divierto, me haces reír.

Porque te admiro. Porque te encontré.

Porque cuando dices «te amo» me da cosita.

Porque quiero, deseo y elijo estar contigo.

Porque con vos los problemas se minimizan.

Porque eres la mamá de Paulina y Bernardo.

Porque amas, entiendes y proteges a Cami y a Marce (a quienes amo tanto).

Porque te extraño burda cuando no estamos juntos.

Porque me excita pensarte y cuando tenemos sexo... ¡vaya sexo!

135

Esas cosas sencillas de la vida, que no cuestan una moneda y te van hacer pasar un momento inolvidable.

Mis hijos me regalan la posibilidad de ser niño nuevamente todo el tiempo, disfrutando esas cosas sencillas de la vida. Me encantan y no cuestan nada. ¿Recuerdas cuál te conecta con tu infancia?

Son tantas, igual acá voy: jugar por jugar en todas sus versiones, echarnos a ver la luna, andar descalzo, una fogata, los pícnics, soplar un diente de león, cocinar juntos, meterle el dedo a la torta, acostarse a dormir sin bañarse, pisar hojas caídas, hacer un colchón con las hojas, hacer angelito en la arena, enterrarnos en la playa, tomar helado, una pijamada, cuando se nubla cantar «que llueva, que llueva, la vieja...», sentarnos a ver llover, jugar bajo la lluvia, contagiarnos de una sonrisa y reír hasta el cansancio, ir al parque, hacernos preguntas importantes sobre cómo nos imaginamos en 1, 3, 5, 10 años, ver el amanecer o el atardecer, guerra de cosquillas, sentarse a la orilla del mar, comer con las manos, jugar juegos tradicionales y en especial volar papagayo, meter la mano en una bolsa de granos al mejor estilo Amélie, que ellos me cuenten un cuento para dormir, inventar cuentos o contar mentiras muy mentiro-sas, mostrarles en YouTube las comiquitas de cuando era niño, tomar té bajo las estrellas, saltar sobre un charco, ver una peli abrazaditos, oler las frutas del mercado, juegos de mesa, dejarles mensajes de amor pegados en el espejo del baño, descubrir cosas nuevas paseando cerca de donde vives, cantar y bailar canciones, jugar carnaval cuando no es carnaval, salir a ver lugares con otros ojos, hacer pompas de jabón, jugar a que estamos lejos y escribir o dibujar cartas, inventar un juego que nunca nadie jugó en la vida. Mi preferido es decirnos piropos mirándonos a los ojos, siempre nos destornillamos de la risa.

136

A veces nuestros hijos nos hacen renegar, tenemos que corregirles algo, establecer o hacerle cumplir alguna regla. Qué difícil es en ese momento encontrar el tono apropiado, calmar la ira, buscar las palabras precisas para corregirlos, para demostrarles que no es él o ella lo que está mal, lo que nos molesta. Es esa acción perturbadora la que intentamos cambiar, es lo que hizo o cómo lo hizo lo que no se puede repetir. Nuestros hijos deben entender que los amamos siempre, que lo que nos incomoda y queremos corregir son sus comportamientos. Deben sentir que confiamos en ellos, que sabemos que intentarán mejorarlo.

Cuando algo me sale mal y confían nuevamente en mí, me potencian, me enamoran, y doy lo mejor de mí. No tengo dudas de que en nuestros niños pasa lo mismo.

137

«Yo armo las maletas, no te preocupes»

La PeloChicha es muy meticulosa, tarda 4 horas para hacer las maletas, cosa que yo hago en 40 minutos.

Dividimos las tareas, ella armaba sus cosas y las de Pauli, yo el resto.

Como es de suponer, media hora después tenía todo listo y hasta mate había tomado. Estando todos en el carro, Ale recordó: «¡La sillita de Paulina! No la vi».

Era verdad, corrí a buscarla, pero la sillita era una responsabilidad ambigua.

Al llegar al departamento de mi amigo, no estaban las sábanas. Siempre hay un alma caritativa que te salva, empecé a preguntar a los vecinos, conseguí una. Por suerte Cami y Marce disfrutan dormir apretujados.

Después tuve que salir a dar unas vueltitas para intentar conseguir algunas otras cositas que me olvidé. Empecé por alquilar un juego de sábanas matrimonial en un hotel para que no me comieran vivo. Compre café, ¡cómo me voy a olvidar del café! También pasta dental, cepillos, peine, champú y crema de los niños. No me había olvidado, pero también faltaba la mantequilla, el pollo, las toallitas y el papel higiénico.

Lo que no entiendo es cómo se me olvidaron tantas cosas, porque estuve muy atento de no olvidarme de las cosas imprescindibles. De hecho, lo primero que agarré fue el cargador del celular, la pelota de fútbol y el ron.

138

Te podría decir que tengo algo en común Einstein, Steve Jobs, Jennifer Aniston, John Lennon, Whoopi Golberg, Walt Disney o Picasso. Y tú dirás, qué arrogante este tipo.

También te podría decir que cuando tenía 44 años me enteré de que no era bruto, que no tenía horrores ortográficos, que no era una bestia escribiendo, que no estaba siempre distraído. Era disléxico. «Suave, muy leve —me dijo la psicopedagoga—, es posible que exista disortografía, muy bien compensada gracias a tu inteligencia». Nunca me había sentido tan feliz de estar enfermo.

La disortografía es cuando te enredas con letras como s, c, x y z; la h, caos total; la ll y la y otro tanto; confundes v con b y terminas teniendo una vuena baca berde.

Cuando terminó la dictadura en el año 1983, tenía 10 años. Le escribí una carta al primer presidente democrático, Raúl Alfonsín. Alguien la respondió, pero no me la mando a mí, sino al colegio, junto a mi carta. Todos los días, a la hora del recreo, en vez de jugar me tocaba ir a la dirección (lugar donde iban los malaconductas) y llenar cuadernos con las bestialidades escritas en la carta. Una de esas palabras era «asta». En el momento que escribo esto todavía no se cual «hasta» es la con h, si la de la bandera o la que marca el límite.

Leo desde muy pequeño, me encantan los libros, siento fascinación por ellos. En mi juventud calculo que leía un libro al día, pero escribía solo para mí. Siempre tuve vergüenza de que otro me leyera.

¿Cómo me enteré? Una amiga ingeniera que sufre dislexia me dijo que creía que podía tener esto, que me sacara de dudas.

Cuando le comento a mi psicólogo, me contó que él también la sufrió de niño. Se calcula que entre un 9 y un 12 por ciento de la población lo padece y eso no tiene nada que ver con ser inteligente, si no recuerda cómo comenzó esto.

Te lo cuento porque, si sospechas que tu hijo lo podría tener, no lo avergüences ni lo hagas sentir inferior, busca un especialista para que le brinde apoyo. Hasta donde me explicaron, el tema de las faltas de ortografías y las dudas sobre cómo se escriben no desaparecen con el tiempo. Pero puedes desarrollar otras habilidades. Por ejemplo, yo soy un capo con los sinónimos.

Mi cura es Ale, ella me motiva a escribir, no se burla. Se llena de paciencia para leer y corregir todo, incluso hace el esfuerzo de explicarme cuando Word me corrige porque es un error y cuando lo hace porque no entiende mis argentinadas.

Gracias, Flaca, todos necesitamos una Ale que nos comprenda y nos ayude a ser mejores.

139

El día de las madres

Por mucho tiempo renegué de todos los días comerciales. Ahora los celebro, me gustan tenerlos de excusa, no para comprar, como el comercio quiere, si no para agradecer, cosa que aprendí de mis hijos, nada me hace más feliz que el regalito que ellos preparan con sus propias manos.

Gracias, mamá, siempre fuiste importante en mi vida, el día que fui padre empecé a reconocer todos los esfuerzos que habías hecho, y cuando me separé fueron tan vitales tus enseñanzas. Mil veces gracias, viejita, por mostrarme los caminos y dejarme elegir así no te gustara, por llenarme de historias que despertaran la fantasía en mi cabeza, gracias por enseñarme a disfrutar de las pequeñas cosas de la vida, por estar siempre cerca por más que decidí vivir lejos, por enseñarme el valor de la perseverancia, gracias por hacer de las cosas complicadas cosas simples, gracias por tu paciencia, por suavizar mis tristezas, gracias por mimarme con tus sopas, tus tripitas de pollo trenzadas, tus panquecas de dulce de leche. Y, muy en especial, gracias por enseñarme que el amor a nuestros hijos lo puede todo, que vence el cansancio, las discordias, los miedos, la falta de dinero, la distancia. Que no es fácil, pero que solo con amor se puede. Te amo, madre.

140

La PeloChicha es muy regular con la regla, un retraso de un par de días fue la señal, pero... bueno, no creo. Igualmente, pasamos por la farmacia y compramos un test de embarazo para salir de dudas. En el preciso instante que el aparatito marcó las dos rayitas, Ale quedó preñada. Ale me miraba, miraba el aparatito, nos sonreíamos mordiendo los labios, nos abrazamos, nos besamos, le dimos la bienvenida a nuestras vidas al bebé. Nos echamos un ratito en la cama. Diez minutos después, la Flaca se paró al baño, ya necesitaba ir más seguido, al salir el pelo era brillante y abundante, se sentía cansada, sus caderas crecieron, no quiso tomar café, se le pusieron inmensos los senos. Aclaratoria uno: entiéndase inmenso en un relativo a ella. Aclaratoria dos: las madres tienen senos o pechos, nunca tetas. Ahora que crecieron, yo te las ablando bebé.

Algo pasaba, andábamos ansiosos y comíamos chocolates todo el tiempo, empezamos a caminar por esos días, el mate me daba taquicardia. Reconozco, toca, que dos días antes había hecho caraotas negras para cenar, me comí dos platos, animalada que no me permitió dormir. Ale llevaba unos días que no quería tomar, a mí me pegó al revés. Incluso habíamos ido a Mérida y la habíamos pasado genial, ustedes saben que el dicho es: «A Mérida llegan dos y se van tres». Todos síntomas claros de embarazo, pero ganó la tecnología.

Ale nació el 18 de mayo, por lo tanto es de Tauro. Los primeros días de embarazo andaba con fatiga, lo cual es comprensible, tuvo unos «pequeños» cambios de humor, los cuales creía que me iban volver loco, algo así como una regla inflacionaria, todo un homenaje a la economía venezolana.

Y el detalle más puntual es que estaba contradictoria, te diría yo. Quería una cosa y al ratito todo lo contrario. Luego me enteré que esto es común en las chicas que nacieron bajo los signos de Tauro, Aries, Géminis, Cáncer, Leo, Libra, Escorpio, Sagitario, Capricornio, Acuario, estén o no estén embarazadas. Así que despreocúpate. ¡Esto es verdad! ¡Es científico! Yo no sé mucho sobre el horóscopo, solo que, si es Virgo, no está embarazada.

Es totalmente razonable que un test de embarazo se compruebe orinando, es lo que más hace una embarazada. La vaina decía «orine 10 segundos continuos» sobre el perol. En cuanto vi las dos líneas, yo estaba muy feliz, pero para asegurarme dije vamos a hacer la prueba de sangre, a lo mejor hicimos algo mal. La ansiedad no te deja pensar porque: «¡¿Qué mierda se puede hacer mal?! Solo tienes que mear sobre ese aparatito. Peeeeero... ¡incluso me justificaba! ¿Y si fueron 8 segundos en vez de 10? De hecho, me hice el loco y le miré la fecha de vencimiento a la caja. Es que cuando uno se caga, se pone gafo.

141

Las 4 maletas

Ya estamos listos para parir, siempre va a quedar algo por hacer, pero intentamos prevenir lo más posible.

Tenemos el maletín de Paulina, que es una cuchitura. Les cuento que la PeloChicha lo armó 338 veces. Uno se enternece de solo ver cómo acaricia la ropita. Toda la ropa de nuestra hija está en bolsitas que dicen: «lactancia materna exclusiva».

En la maleta de Ale no puede faltar toda la papelería en un sobre. También un par de pantuflas, batas para poder dar teta cómoda y unos calzones matapasión GI-GANTES, que después de ver eso uno entiende lo de la cuarentena. Así que vivamos el ahora, que hacer el amor ayuda al parto.

El bolso de Marce (7) y Cami (10) ya está listo también. Por las dudas, que justo su mamá esté de viaje, tenemos un par de amigos prevenidos, porque la mayoría de los partos comienzan de noche, en ese caso, mis panas vendrán a nuestra casita y los cuidarán.

Y la gran valija, la de la sabiduría popular, millones y millones de mujeres han parido, la cesárea es algo moderno en la historia de la humanidad, lo natural es parir.

Hemos tomado varios talleres juntos, tenemos el apoyo de nuestra doula, hemos recibido información de familiares y amigos. Gracias a todos, ahora a viajar.

142

Les cuento historias a mis hijos con los personajes de ellos y parte de mi fantasía.

Un día vamos en Metro al centro, porque en la zona de la Casa del Libertador cuesta conseguir puesto, y les cuento: «En una heladería que hay ahí fue donde conocí a la Barbie, ella estaba con Bolívar, yo le...»

—Papá eso es mentira, acá no hay lugar para que la Barbie estacione —me dice Cami (6 años).

143

El apagón fue por fuera.

«Estoy embarazada», me dijo Ale el sábado del apagón de marzo de 2019, a las 4 de la mañana. Ella me había comentado un par de veces que le dolían las tetas, pero de ahí a que uno suponga.

Ese día pasaron unos amigos a visitarnos, a drenar arrechera. Toda Venezuela llevaba 2 días sin luz. Hicimos una fogata en el patio para que los niños gozaran y nosotros poder hacer café. Charlábamos, jugábamos con los niños mientras nos mirábamos a los ojos con una sonrisa, sabiéndonos cómplices de nuestra paternidad. En plena desazón, esa era nuestra semilla de la alegría.

Estaba oscureciendo, Marce y yo aprovechamos ese fueguito para preparar pollo; Cami quiso sacar la mesa afuera para que nos alumbraran las estrellas y la única vela que nos quedaba. Otro vecino llegó con un trozo de carne y una botella de ron. Comimos, bebimos, arreglamos el país...

Vimos las estrellas echados con los niños en el pasto, pedimos deseos. La PeloChicha agarró mi mano y yo me abracé al vientre, le dije que no tenía que tener miedo, que todo iba a estar bien. Que lo amábamos, que seríamos muy felices. Estamos viviendo nuestra propia versión de *La vida es bella*. Tiene razón Benigni: «No hay nada más necesario que lo superfluo».

Mientras desayuno le comento a Ale que deberíamos pasar por la clínica.

Marce:

—¿Voy a tener un hermanito?

Los niños y su percepción.

—¿Te gustan las panquecas? —le pregunté—. Acá tenés otra.

Teníamos antojo, fuimos a tomar helados... nos consentimos, nos sacamos la primera foto los 6 juntos.

Tres días después el resultado dio negativo y llegó la regla.

¡Maricooooo, no lo puedo creer! Estaba acariciando y hablando con un peo que la PeloChicha tenía atravesado.

144

Carta de Ale a Paulina

Me encontré con esta cartita que la PeloChicha le escribió cuando la Pelobaba tenía 3 meses, y me parece de un bonito.

Paulina:

Quiero que cuando te sientas mal, cuando tengas un problema, cuando pelees con una amiguita o termines con un novio, cuando no sepas cómo hacer una tarea o te frustres por no lograr algo, me busques para hablar, pedirme ayuda o simplemente esperar de mí un abrazo.

Quiero que sepas que puedes contar conmigo siempre, que de mí escucharás los mejores consejos y que te voy a apoyar en todo, a menos que sea algo que te haga daño.

Quiero que te rías conmigo, que hables conmigo, que discutas conmigo, que me digas lo que piensas, siempre desde el respeto.

Quiero que sepas que trato siempre de ser la mejor mamá, pero que también muchas veces me puedo equivocar.

Mamá

145

Gato

Cuando yo tenía 7 años tuve un perro que se llamaba Cani. Estaba muy viejito, el pobrecito. Había quedado medio ciego y le dio rabia.

Recuerdo un día que llegué de la escuela y la perrera se lo estaba llevando para dormirlo. Llorando, corrí cuadras tras la camioneta rogando que me lo devolvieran. Lo lloré días, cada vez que cruzaba la puta camioneta en el pueblo le sacaba la lengua.

Tardé un par de años en tener otro perro, tenía miedo de que me pasara lo mismo. En ese intervalo, mi hermana y yo teníamos de mascota a Fabián, un gato que hasta dormía con nosotros. Nunca volví a tener un gato hasta «Gato».

El domingo pasado Gato se fue. No lo pudimos encontrar. Pasamos con los niños casa por casa de toda la urbanización un par de veces y pegamos carteles por toda la zona. Recorrimos la zona mil veces. Todo el mundo nos preguntaba: «¿Apareció?» Y no.

Digo que no está. Pero está taaantooooo...

Cada mañana, al despertar, espero que aparezca ronroneando entre mis pies, pidiendo sus sardinitas.

Todavía levantamos el mantel todos los días, porque si no lo hacíamos él jugaba y tiraba todo lo que estaba arriba de la mesa.

Está presente cuando vemos el nidito de él o los juguetes, que no eran de él, se los había expropiado a Paulina.

Gato, nos dejaste varias enseñanzas, pero una muy especial, que el cariño y el amor vencen cualquier miedo. Marce les tenía pánico a los gatos, y ahora, porque te quiso tanto, te cuidó tanto, te abrazó tanto, sabe que el cariño vence al miedo.

Seguramente fuiste adoptado por alguno de los tantos gatos que hay por la zona, o algún otro niño te va a llenar de cariño como lo hacíamos nosotros. Nos duele muchísimo y de nuevo toca aprender que nada es para siempre, que todo pasa, lo bueno, y también lo chimbo. Que los amores se deben vivir a pleno, jugando, riendo, con despecho y llanto también.

146

Días de destete

Todo empezó antes de empezar, Ale no podía más, dormía tres horas seguidas con suerte. Consultamos con amigos, Google, especialistas y armamos nuestro plan.

Las tetas del día estuvieron relativamente suave, nos fuimos tres días a la playa y las reemplazamos con mucho juego, arena, piscina, paciencia y cariño.

La noche, ¡no jooooodaaa! A ver, yo no me acuerdo cómo fue cuando dejé la teta, la de mi mamá digo. La de Ale fue expropiada por la carajita.

Pero recuerdo cuando dejé el cigarro, al llegar la noche era un karma. Insomnio, desesperación, ganas de mandar todo a la mierda. De hecho, reincidí varias veces, lo debo haber dejado como 20 veces.

Parte del plan consistía en que cuando Paulina se despertara a media noche, yo intentara calmarla y volviera a dormirla. Si no lo lograba, la mamá la tranquilizaría y me la pasaría para yo dormirla. Esa era la teoría, y suena papita, pero... un suplicio, mi pana.

La primera vez fue muy duro, yo sabía que la carajita iba a llorisquear, pero esto era una locurita, no estaba preparado emocionalmente para eso, quería tirar la toalla. Por suerte Ale estaba mega archi convencida que era lo mejor para los tres, entonces le tocó ser la madre que sufre el llanto de su hija, la mujer que padece la angustia del destete y mi psicóloga.

Cinco días antes, Pauli me daba el beso de buenas noches y era tan bonito ver cómo tu hijita se iba durmiendo con calma mientras la mamá acariciaba su pelo, sus manitos.

Fueron cuatro noches mordaces, de cantarle una hora para dormirla y después, unas horas más de desvelo, algún berrinche de Paulina, llantos contenidos...

Pero valió la pena. Ale volvió a dormir y las tetas volvieron a su anterior propietario. Ya dice el dicho: «Todo esfuerzo tiene su recompensa».

147

Sexo después de la cuarentena. Vainas que no cuentan los panas

Como la naturaleza es tan sabia, los niños vienen del mayor disfrute de la pareja. Luego el embarazo es época de sexo acrobático, lo cual está buenísimo. Ya en los últimos días, cuando estás cerca del parto es recomendable mucho sexo para que sea sencillo parir.

Pero esta sabiduría no está en el antes, está en el después.

Al nacer tu hijo, viene la cuarentena y uno anda como los presos, contando los días con crucecitas en la pared. Nosotros gracias a que parimos tuvimos una cuarentena cortica. Pero cuando pasa esto, te das cuenta que la vaina no esta tan papita, o vos o tu pareja andan agotadísimos mal, los trasnochos, los tiempos sin tiempo del bebé para comer...

El secreto «programación» y la consabida frase «en esta casa se tira los lunes», entonces empezás a generar tus planes estratégicos.

Plan fácil, llamas a un pana: «Te puedo dejar la criaturita de Dios un ratito, que tengo que ir a hacer un trámite».

El plan dos necesita un estudio minucioso de las horas de sueños, de tus horas libres, ese día no viene la señora que te ayuda con la casa ni de vaaaainaaaa...

No sé si has escuchado hablar del ruido blanco o *white noise*. Agéndalo.

Es un sonido que se le pone a los niños, muy parecido al sonido de la secadora de pelo, incluso de ropa o al *shhhiiisshhhhiishhh* que hacías de niño cuando querías orinar, eso le recuerda cuando estaba en la panza (que dulzura) y se duerme.

Al principio te va a parecer un ruido feo, pero verás como con el paso del tiempo te acostumbras, incluso te gusta.

Entonces organizan un plan tipo relajado, traen la cervecita, la música para bailar, los lubricantes al principio son superbienvenidos. Cuando el clima está logrado, pones la mejor canción del mundo para tener sexo, «White Noise», él bebé se duerme y ustedes festichola.

Un sabio consejo, tiempos cortos, no digo eyaculación precoz, pero coooortos. El perolito ese se puede despertar y es incómodo pasearlo cantando canciones de cuna en ese estado.

148

Cuando la mamá les dijo a Cami y a Marce que se iban del país, lo único que ellos pidieron es que fuera después de nuestra boda.

Ese fin estuvieron con la mamá. Los lunes, miércoles y viernes se quedaban conmigo, ella me pidió cambiarlo por el martes, que nos viéramos los 4, que los niños querían contarme algo, una sorpresa.

Mientras tomábamos una merengada de chocolate, me lo dijeron. Ellos estaban ilusionados y yo me quería morir. Me dolía el pecho, le pedí a mi ex que llevara a Marce al fútbol que yo ya los alcanzaba. Me crucé a la panadería y me atoré con una cola de langosta rellena de Nutella y un marrón oscuro. Me metí al carro y lloré. Cuando estaba bien llamé a Ale para contarle, y ahí me di cuenta de que no estaba bien.

A la noche, después de dormirlos, hablamos con la Flaca. Ella me ofreció que nos fuéramos a Miami (ese era el plan inicial de ellos) menos mal que dije que no, ellos terminaron en Costa Rica.

Estuve un par de días en la mierda. Que les niego el permiso de salida del país. Que lo mejor para mis hijos soy yo. Buscando culpas en terceros.

Ale me ayudó a armar equipo, volver al psicólogo, co-rrer. No agarré más conferencias, suspendí un taller que tenía pensado dar en mayo, sabía que tenía 3 meses para abrazarlos y besarlos todos los días.

Cami ayudó a Ale en cada detalle de la boda, en especial en los *outfits*. No sé si se preocupaban más porque fuera bonito o porque no fuera niche. Con Marce arreglamos la máquina de burbujas y planificamos poner a rumbear a la gente con globos.

El día de la boda, Cami y Marce se atapuzaron a punta de merengadas de chocolate.

El día que se fueron, Cami me mandó una *selfie* desde el aeropuerto, con el sabor que quería recordar a Venezuela, era una merengada de chocolate.

Ayer un pana me dijo: «No entiendo por qué vas al psicólogo». ¿Qué sé yo? Es como el chocolate, escribir, contarlo, llorar... me sirve.

149

¡Feliz cumple, Cami, te aaaamooo hasta la luna ida y vuelta!

Quiero que seas arrechamente feliz, la vida es para eso. Disfruta cada día, incluso esos que uno dice: «No joda, ¡qué día de m...!». Esos también son necesarios.

Diviértete, sigue bailando, cantando, jugando, hablando sola. En el escenario de la vida no te conformes con ser parte del show, dale vida al show; ve con todo, disfruta.

Eres una carajita superbella por dentro y por fuera. Ámate, cuídate, quiérete. Camila es la persona más importante del mundo para Camila.

Vive, vuela, lucha por lo que quieres, por lo que tú amas. Confío y confiaré siempre en ti. No tengas miedo a equivocarte, a cambiar de parecer, puedes ser lo que quieras, incluso policía. Eso sí, si un día ves a un viejo de pelo verde, no le rompas las bolas.

Estoy tan orgulloso de ser tu papá. Te quiero de todas las formas, cuando me contentas, *cuando peleas con tu hermano, cuando juga-mos, cuando no me paras porque pelotudeas en WhatsApp, cuando chismeamos, cuando no estamos de acuerdo, cuando eres mi cómplice, cuando me ayudas a lavar los platos porque es-toy cansado.*

También te quiero cuando algo me pone triste, me duele, me da arrechera. Es más, hija, ahí es cuando más te quiero, por eso te apoyo.

Que seas inmensamente feliz, carajita grande.

150

Habíamos discutido y no podía dormir con toda esa amargura, entonces escribí.

> ¡Hola, Novia!
>
> Solo quiero que sepas que te amo y que quiero hacerte feliz.
>
> Yo sé que es la regla, tu regla y mi regla, pero eso no puede ser nuestra regla.
>
> Anoche nos dormimos mal y no hicimos lo suficiente para mejorarlo. Yo lo sé y estoy casi seguro de que tú lo sabes.
>
> Esto también es una carta de amor. Quiero verte reír, quiero que rías conmigo. El viernes estaba tan feliz que, como un boludo, me emborraché. La vida no es felicidad plena. Pero que no nos ganen los problemas.
>
> Sé que hacemos muchas cosas y que tenemos la capacidad creativa de hacer muchísimo más. Pero yo no quiero hacer, quiero hacer contigo. Ojo, no digo a tu lado, digo contigo.

Me encanta que hagas cosas con otros, así como creo en la independencia económica, mucho más creo en la independencia emocional.

Te amo, Ale, te admiro, te deseo, te quiero y quiero hacerte feliz. Pero, sobre todo, quiero que tú seas feliz conmigo.

Yo creo que el amor también se fortalece con las gracias, de pequeños y grandes gracias. Gracias por el desayuno, gracias por vestir bonita a Pauli, gracias por corregirme ese texto, gracias por ponerte bonita para mí, gracias por escribirle a Cami, gracias por ese ron, gracias por lavar los platos, gracias por evitar una discusión, gracias por dormir a Paulinita. Porque solo agradece quien tiene la capacidad de ver lo que hace el otro.

Claro que también ayudan los perdones y las disculpas. De hecho, esto es eso, por eso es una carta de amor.

Discúlpame por anoche no haber dado todo, no quiero que vuelva a pasar.

Te amo, PeloChicha, y quiero que seamos felices juntos mucho tiempo, pero no a tu lado, juntos.

Cuando te veo sonreír, todavía repica en mí el mismo «te amo» que te dije por primera vez en el aeropuerto.

Perdón y gracias, Novia mía.

SOMOS
UN PAÍS

151

Cuando yo era pequeño, un dictador en Argentina mandó a asesinar a miles de niños (17 años) a la guerra de Malvinas, solo con la intención de quedarse en el poder. Se encargaron de hacernos odiar el inglés y lo que viniera de los asesinos esos. Maradona es Maradona, eso no hay duda, pero es más Maradona porque les hizo un gol a los ingleses con la mano y dio la mayor demostración de magia en el fútbol en ese mismo partido, haciendo el segundo gol. Fue el Rambo argentino, venció al enemigo, eso lo vuelve MARADONA.

Ahora Cami (8 años) me quiere enseñar inglés. Ella también tiene una batalla dura, pelea contra el pasado, contra la falta de tiempo, contra «loro viejo no aprende hablar».

Y ahí va usted, hija, sacando de mi cabeza viejos temores y sembrando palabras llenas de sonrisas.

152

En Teodelina, el pueblo donde nací, andas en bicicleta o caminas; no hay busetas ni carritos por puesto. Tal vez por eso tenga la costumbre de caminar. Y cuando uno camina habla, por lo menos yo lo hago, hablo conmigo de lo más chévere, me doy consejos, me genero propuestas, me regaño, me hago chistes, me miento, incluso. Claro, la mayoría de las veces en silencio, porque la gente grande dice que solo los locos hablan en voz alta. Y deben tener razón, Einstein, Dalí, Jesús, Buda, entre otros, lo hacían.

Siempre intento salir a caminar con mis hijos donde estemos, playa, parque, ciudad. Hoy Marce está cansado y no quiere. Cami le explica:

—Vamos a caminar Marce, que caminando se charla bonito.

153

Como ya les he contado, mi abuelo solía decir: «Jorge, no mienta. Los pobres lo único que tenemos de valor es la palabra».

Los malos políticos, esos que nos han llenado de miseria, que se han tomado en whisky el dinero que era para comprar medicamentos para los niños. Ellos, cuando quieren ofender a otro sinvergüenza como ellos, le dicen payaso. La palabra que insulta no es «payaso», es «político». ¿Cuántos de ellos cumplen las promesas de campaña? ¿Cuántos de ellos son creíbles?

Tal vez por eso yo creo en pocas cosas: en la verdad de los niños, de los borrachos, de los payasos, y muy en especial de los *leggins*.

154

Algunos niños aprenden a leer rapidito, a los 4 años ya leen. Cami fue así, y a otros les cuesta más. Marce es así (5 años) Como va a entrar a la primaria, ya le toca aprender. Los papás lectores, que consideramos que es importante, nos ponemos un poco gafos con esto.

Supuestamente, Finlandia es el país con los mejores resultados académicos, y en ese país los niños comienzan a leer a los 7 años, y saben cuál es la razón: «Los niños deben comenzar a leer cuando de verdad quieren leer y no cuando los adultos queremos que lean».

Considero que, como padres, debemos motivarlos, no obligarlos, y siempre el mejor ejemplo es uno. Si lo único que leemos son las redes sociales, va a ser difícil que la criatura encuentre interés por los libros.

Marce es increíble, abre el libro y, según los dibujos, inventa unas historias que te cagas, pero... Yo ando en eso de que aprenda a leer, entonces intento despertarle la curiosidad, buscamos palabras claves en los empaques, chocolate, galleta, gluten, jugo, las tiene perfectas. Nos paramos en los carteles de las calles, dibujamos letras y formamos palabras, leemos una frase y luego le pido que busque una de esas palabras en otra oración, escribimos con ramitas en el piso, en la tierrita del vidrio del carro (sí, sé que hay que lavarlo, pero si lo hago me quedo sin pizarra). No sé si va a funcionar, pero nos divertimos. Yo sé, no tengo duda, que es mucho más fácil que aprenda a leer porque quiere que porque lo obligan. Igual, si por casualidad saben de algún cupo en una escuela en Finlandia, me avisan.

155

Es importantísimo que nos comprometamos, que sea sumamente importante la vida de nuestros hijos. En ocasiones nos preocupamos tanto por la felicidad de ellos que podemos generar adultos desdichados. Considero que es un pelón ponérsela demasiado papita. Debemos amarlos, no idolatrarlos, entender que no son perfectos, que cometen errores y, de hecho, está bien, así también aprenden.

Hay padres que son muy cansones en este sentido, no permiten que los niños sean corregidos por los abuelos, maestros, y claro, ellos no lo hacen, «pobrecito mi bebé». Un modelo incapaz de brindarle herramientas para resistir en los momentos difíciles

¿Qué va a pasar cuando tenga más de 15? ¿Qué sucederá cuando le toque decidir por sí solo? ¿Y cuando entre a la universidad, cuando viva las primeras decepciones? ¿No se decepcionará de sus padres?

Tal vez la vida no me la puso fácil a mí, o qué sé yo, pero me ha tocado aprender de mis alegrías, de mis ansiedades, de mis decepciones....

Lamentablemente, una vez más no tengo respuestas, solo tengo miles de preguntas.

156

Hay cosas que pueden ser muy normales, pero si no lo sabes, te asustas por montón.

A la semana de nacer Paulina, estábamos los 5 juntos preparando la cena. Ale me llama, estaba sangrando mucho. Llamamos a los doctores y nos dijeron que pasáramos por emergencia de la clínica. Nos angustiamos mucho, era necesario mantener la calma, estábamos con tres criaturas. A veces me dicen: «Tú ya tienes experiencia en esto de ser padre, ¿por qué te asustaste?». Fácil: porque cada cagazo es nuevo, así de simple.

Llamé a mi pana Ron, porque su departamento me quedaba en el camino. Armé un pseudobolso para Cami y Marce. Una mochila para Paulina y Ale. Arrancamos.

Lo de Ale era muy simple, un coágulo, algo bastante común en las parturientas. Se podría haber solucionado con un buen baño y tranquilidad. Igualmente nos tuvieron como 3 horas, porque la clínica necesitaba hacer plata, un 29 de diciembre no se enferma nadie y hay que mantener el negocio.

Esa noche mis hijos la podrían haber pasado mal, pero gracias a los tíos-panas-amigos Ron y la Pollita, tuvieron una noche genial. Les organizaron una pijamada, les hicieron una casita, juegos, arepas.

Un detalle. Cuando Marce se enteró de que íbamos a la clínica, abrazó la panza de Ale y le dijo:

—Ahora si va a nacer mi hermanito.

157

Tener mascotas en mi pueblo, Teodelina, cuando yo era pequeño, no tenía mucho sentido. Éramos unos 3.000 habitantes, había perros por todos lados y eran de todos, cualquiera le tiraba un hueso; de hecho, a todos los vacunaban porque el patio de la casa era la calle, por lo tanto, todos jugábamos con ellos. En cualquier casa había gatos para espantar los ratones, gallinas con sus pollitos (se zafaron porque no los encontramos cuando eran huevos, si no serían tortillas). En muchísimas casas había un cochino o una ovejita que cuando engordara iba a la parrilla. Las plantas de las casas se encontraban llenas de pajaritos, la plaza tenía unas 10 palmeras donde vivían miles de palomas. En el campo, a dos cuadras de casa, había caballos y vacas por montones. Una cuadra más allá estaba la laguna y, si no estaba seca, había unas garzas rosadas maravillosas.

Un día, en la laguna, se empezó a practicar un deporte llamado «tiro a la paloma». Había tres cajuelas con palomas adentro, sonaba un timbre, se habría una al azar y... pum. El «deportista» tenía dos cartuchos, si fallaba, esas palomas eran «libres». Esta salvajada se practica todavía en el 2021 en muchos lugares del mundo, existen campeonatos regionales, nacionales e incluso mundiales. Ojo, por esos tiempos yo soñaba tener una escopeta, de hecho, andaba con mi gomera (una china en Venezuela) colgada al cuello para todos lados.

El punto es que un día llegue con 4 palomas heridas a casa. Mi mamá me ayudó a curarlas, eran mis mascotas. Como no volaban, deambulaban por toda la casa. La única condición que me puso mi madre fue que me hiciera cargo, que no tenía por qué tener mascotas, pero si decidía hacerlo, asumiera mi responsabilidad sobre el animalito. Así era, ella solo decía que buscara comida para esos bichos y yo pelaba las mazorcas, le quitaba los granos y se las daba. Tuve muchas mascotas, todas con la misma condición.

Muchos años después, cuando mi hermana fue madre, mi mamá me dijo: «Tener hijos es lindo, pero vos no tenés por qué tener hijos; si no querés, no los tengas, pero si decides tenerlos, hazlo bien. Tú eres responsable de esa vida que traes al mundo».

En ese momento pensé: «Boludeces de vieja».

158

¿A qué saben tus besos?

Me desperté un poco más tarde. Metí a secar las franelas, preparé las arepas, terminé de armar las loncheras y ya corrí a hacer la primera ronda de despertada de Marce y Cami. (Se empiezan a parar como en la tercera).

Me echo en la cama con Marce y le doy besitos. Marce me mira raro y me dice:

—Papá, hoy tus besos no son de café.

Para la segunda ronda, ya me había tomado un litro de café.

Mientras escribo esto, cierro los ojos, y mi viejita me da un besote de mate cocido.

159

Mis hijos estudian en la Escuela Comunitaria Luisa Goiti-coa. Amo ese colegio, con todos los peos que pueda tener a causa de la realidad económica que nos agobia a todos los venezolanos.

Al pie de un samán frondoso, mis hijos aprenden a vivir. El colegio tiene una calidad humana aparte, las maestras son superfajadas, trabajan desde el amor, se preocupan mucho por conocer la realidad de cada uno de sus niños.

Para conocer los próceres, Francis, la maestra de Marce, armó un museo viviente. Le tocó ser Simón Rodríguez, el gran maestro venezolano, lo cual me recordó que, de chico, para unos de estos días patrios, yo tuve que interpretar al padre de las aulas argentinas, Domingo Faustino Sarmiento. Pedazo de nombre le pusieron los papás, ni hablar de los papis de Bolívar.

Mis compañeritos se burlaban, mi prócer no tenía caballo blanco como San Martín o Belgrano, no usaba espada como Estanislao López o Güemes, ni lanza como el Chacho Peñaloza. Una maestra, para tranquilizarme, me dijo: «Sarmiento no necesita armas, él es inteligente, por eso lleva los libros. Su mayor arma es la palabra».

Se ve que eso había quedado marcado en mí, entonces yo para adelantarme le cuento la anécdota a mi hijo, porque es el único del salón sin espada.

—No te preocupes, papá, yo me traje la Pokebola con Pikachu.

160

«Pienso que tuve éxito porque estaba más concentrada en divertirme y menos preocupada por fallar».

Soy padre, novio, emprendedor, payaso, trabajo como conferencista, todas razones que me obligan a andar curioseando, en eso me encontré con esta frase de Maddie Bradshaw.

Maddie es una niña que a los 10 años emprendió un proyecto que la convirtió en millonaria. Usted podría creer que es un caso único. No, son miles y miles los niños emprendedores en el mundo. Algunos como esta niña logran un negocio de 2 millones de dólares en dos años, otros como Henry Patterson han recaudado 5, sí, 5 millones de dólares con tan solo 9 añitos. ¿Y sabe cuál fue el primer negocio de este niño? Vender bolsas para recoger pupú. En el mundo digital las criaturitas David y Catherine Cook son los creadores de MyYearbook.com, un anuario digital cotizado en 100 millones de dólares.

¿Qué tienen en común todos estos niños, toooodos? Padres que los apoyan, que creen en ellos.

Todos los niños son creativos, curiosos, no los frenan los paradigmas, se divierten en lo que hacen, arriesgan, no tienen miedo a equivocarse. Dile a un niño que «no» y te dirá «yo sí puedo». Puede que no amasen fortunas, pero toditos tienen mucho por aportarle a este mundo.

El suyo también. Estoy hablando de nuestros hijos, pero también estoy hablando del niño que todavía vive en nosotros. Liberémoslo. Digámosle «tú puedes», «cree en ti».

161

Mis hijos tienen un desorden cultural, por así llamarlo. Me explico. Marce y Cami dicen o hacen algunos comentarios que en Argentina no serían tan graves, pero acá son inoportunos y llaman mucho la atención.

Cuando Cami tenía unos 6 años, estamos comprando un yogur y cuando el vendedor me lo va a dar se le cae. Cuando lo levanta, se le cae nuevamente y se escucha una vocecita dulce que dice: «Este señor no puede ser tan boludo...»

Hace poco Marce va a terapia, al salir le da dos nalgadas a la psicóloga y me dice «ella es divertida». Yo no sabía qué cara poner. Le expliqué que es una argentinada, una demostración de cariño, incluso se hace cuando los jugadores están entrando a la cancha. Yo no sé si convencí o no a la psicóloga, lo único que les puedo contar es que tres meses después se fue a vivir a Argentina.

Grave, grave pero grave le pasó a mi hermana en unas de esas visitas a Venezuela. En Argentina se le dice a la vagina concha, sí, por eso uno escucha que te invitan a la concha acústica y se imagina una gran totona sonora. Estábamos en la panadería, como era diciembre le digo que tiene que probar el pan de jamón. El panadero, que es un tipo muy gentil, dice:

—Le voy a dar un golpecito de calor para que la señora se lo coma con la concha calentita.

La Marita casi se muere.

162

Tengo la suerte de trabajar en lo que amo, en lo que me hace sentir orgulloso. No tengo duda que el respeto al trabajo, a emprender, lo aprendí de mi madre. Ella trabajó en mil cosas, en aquellos tiempos estudiaba oficios por correo para mejorar y la necesidad le hizo inventar formas de ganarse la vida.

En la sociedad actual que vivimos en Venezuela, donde el trabajo de muchos padres es hacer la cola para recibir comida, porque con el sueldo de un mes no puedes alimentar a tus hijos, es difícil.

Igualmente, tenemos la obligación de preparar a nuestros hijos para el futuro, y no hay mejor ejemplo que el que damos con nuestras vidas y lo que les enseñamos en casa.

Las tareas hogareñas son una buena oportunidad para demostrar que todos los miembros de la familia colaboran en las labores cotidianas, y que no se trata de «ayudar a mamá o a papá», sino que es cosa de todos. Buscar cosas simples con las que ellos puedan, de forma paulatina, ayudar. Brindándole esta posibilidad, el niño se siente útil, orgulloso de contribuir con el bienestar de todos en el hogar. Mis niños me ayudan a tender la cama, a barrer, fregar los platos, cocinar, lavar la ropa, incluso están pendientes de que no se mezcle la ropa clara con la oscura.

Nuestras acciones dicen más que mil palabras, ellos no solo me ven hacer todas las labores del hogar, busco que me vean armar mis conferencias o talleres, a veces entrenamos juntos, me escuchan hablar bonito de mi trabajo, prepararme para llegar puntual.

Soy un agradecido de dignificar mi vida a través del trabajo, y quiero que a ellos les pase lo mismo. Que no apunten sus vidas a 5 minutos de fama, a ganarse la lotería, a quedarse con lo que no es de ellos. Los sueños se logran con una sonrisa, bregando duro por verlos raelizados. Si cometemos errores, los corregimos. Prohibido rendirse ante una frustración, buscamos una nueva alternativa y le ponemos todas las ganas.

163

Que un argentino hable de Dios... es un pooooco paradó-
jico, pero ahí voy.

Un papá me dijo: «Mira, yo soy ateo como vos. ¿Cómo
le explicaste eso a tus hijos?»

Yo no soy ateo, yo no soy católico, yo soy como dice el
gran poeta venezolano, el Potro Álvarez, una vaina loca.

Yo soy ateo no practicante, en cuanto me golpeo el
dedo chiquito me acuerdo de Dios y de todos los santos.

Yo soy ateo no ortodoxo, en cuanto me asusto, me
descompongo, o si se enferma alguien que quiero, empiezo: «Ay, Diosito mío, por favor, no seas maluco, hace-
me la segunda».

Esto me vuelve un católico no practicante, no voy a
misa. No voy a misa principalmente porque no considero
que Dios esté encerrado y le haya dicho a ese tipo que él
es su representante.

Soy agnóstico si tengo que ser algo; si no soy lo que soy
y ya. Porque también creo que hay algunos muertos que me
apoyan cuando los necesito. Creo que la Pachamama debe
ser respetada, porque eso es respetarnos a todos. Creo y
puedo demostrar el poder transformador de la alegría.

Mi hijita Cami a los 8 años decidió bautizarse y tomar la comunión. Claro que la apoyé, la acompañé, a ella le interesaba mucho. Solo no quise que tuviera miedo, miedo a los pecados, a sentir que cualquier error es algo terrible. A mí me asustaron tanto que les agarré pánico a las víboras, la imagen que representa el supuesto pecado. Los religiosos seguramente «no mienten», pero tienen una verdad muy diferente a la mía.

Una de las personas que más admiro, mi pana Dizzi Perales, es cura. La monjita que le daba clases a Cami era un amor y conozco un montonazo de religiosos de distintos cultos muy de pinga.

En resumen, esto me ha llevado a la conclusión de que Dios es como las brujas, parafraseando el dicho popular. Que no existe pero de que está, está.

Incluso creo que al que dibujaron con barba es jeva, a veces anda regluda y la pagamos todos.

164

Yo deseo que mis hijos sean independientes, que sepan enfrentar por sí solos la vida. Si están con alguien o en algún lugar, que sea porque lo desean, lo disfrutan, no por miedo a no poder resolver su vida solos.

Muchas veces el miedo hace que los sobreprotejamos. No tengo la mínima duda de que debemos educarlos para ser felices y libres, incluso es nuestra obligación enseñarles a afrontar con éxito su vida independiente, y eso comienza desde chiquititos.

Muchas son las cosas que considero importantes de la enseñanza de mi madre, a pesar de tener el desafío de criarnos solita, cuidar a sus padres y buscárselas para alimentar la familia. Se encargó de que supiéramos valorarnos: «Deje de excusarse en los "si tuviera", eso es mentirse, no creer en vos». Agradecer poder tomar decisiones: «Es que no se da cuenta de que cuando deja que otro decida por usted también es una toma de decisión». «Que sea lo que usted desea y asuma esa responsabilidad». Se preocupó porque entendiera y aprendiera de las consecuencias de mis actos. Esto no significaba que no me ayudara o guiara para que yo lo hiciera bien y me sintiera feliz.

Lo hacía con las herramientas que manejaba, me enseñaba a coser mis medias cuando se rompían, yo era feliz lavando los platos; me sentía grande porque ayudaba a mi mamá cocinando, leyendo cuentos a mi hermana, acompañando a mi abuelo al médico.

Luego aprendí a ganarme mi dinero cortando grama, haciendo los mandados de las vecinas, incluso me enseñó a poner inyecciones, así fui aprendiendo, como dice el Chavito del 8, sin querer queriendo. Esas pequeñas responsabilidades que me daba mi madre, potenciaban mi orgullo, me hacían sentir útil y necesario.

165

¡El comienzo del año escolar es yaaaaaa!

De lo chimbo no te voy hablar, porque tu bolsillo lo sabe.

Para ayudarlos, lo mejor es organizarnos, prepararnos de antemano, no solo con el material escolar, sino en especial mentalmente. Es bueno generar un plan divertido donde repasemos lo que hicimos el año anterior, reforzar lo que nos costaba.

Debemos hacer lo imposible porque nuestros hijos vuelvan a clases llenos de ilusión y ganas de aprender. Los padres somos de gran influencia en los chamos, seamos un colador con las noticias negativas y llenémoslos de energía positiva. Es así por más *hippie* que suene.

Yo compré la lista escolar en junio antes de que los precios se fueran a la luna. Es una buena estrategia, te la recomiendo, para un país con la inflación que vive Venezuela. Pedí la lista, revisé todo lo que tenía del año escolar anterior en buen estado, eso lo vamos a volver a usar, imposible comprar todo nuevo. A los uniformes que todavía les quedan los ponemos bien bonitos para que no se vean viejos y usados. Se verán retro, totalmente *cool*. Y los que ya le quedan pequeños, los compartiré con algún papá que los necesite.

Charlamos sobre metas que les gustaría lograr a ellos, desde ir a clases de música, fútbol, mejorar matemática, aprender a leer cuentos. No es una exigencia, es para visualizar lo que deseamos.

Otro consejo que a mí me es útil, prepara unos cuentos y musiquita chévere para el carro, por si te agarra una cola.

166

Mi mamá decía: «Lo importante es que esté limpio». Claro que es importante, pero es una verdad a medias. La madre de la Vero Gómez le decía: «Hija, no salga con la pantaleta rota, que si tiene un accidente y la tiene que ver un doctor...». Reconozco que también me parece exagerado. Tiene que ser bien co... de su madre un médico para llegar a ver a una accidentada y verle primero la pantaleta para decidir si la atiende o no.

Es importante que nuestros hijos sepan que el cuidado personal y cómo se visten es importante.

Yo acá estoy fregado maaaal, para colmo ni siquiera existe el invierno en Venezuela (gracias a Dios, Pachamama, Alá, etcétera) que uno tiene que ponerse ropa abrigada y guardarla en verano.

No me peino desde que tengo 19 años, me paso la mano por la cabeza y pa'la calle. También me cuesta combinar bien la ropa, por muchos años me puse lo que estaba a mano. Cami, cuando me ve así vestido, me dice: «Papá, ¿te vestiste como para hacer un *show*? Porque yo no puedo creer que salgas a la calle así vestido».

Hace dos años, un domingo después de desayunar, se me ocurrió ir hacer las compras al mercado en pijama. Marce me acompañó en pijama. Cami, ni de vaina, se cambió, se puso bonita. Ahora es una anécdota divertida, pero ese día mi pobre hija se moría de vergüenza.

Cuando me enteré de lo incómodo que había sido para ella, decidí que necesitaba aprender a vestirme. Me paro frente al espejo y veo que mi hija tiene un poquitín de razón, estoy un chin mal combinado, alguito desprolijo y medio peinado, solo medio, porque estoy medio calvo.

Me ha tocado cambiar los hábitos porque sí. Es difícil ser consecuente con mis hijos y explicarles que se deben combinar, vestir bonitos y prolijos.

Como Marce todavía se manda unas combinaciones extrañas, siempre le digo: «Hijo, usted elige su ropita, me la muestra y vemos si se puede». Si vamos al parque o a hacer mercado, lo oriento, pero dejo también que se vista como él disfruta. Pero si la salida es a alguna piñata, no puedo dejarlo que vaya con traje de baño y zapatos por más que le guste mucho.

Igualmente no me voy a caer a cobas, yo sé que si algún día nos encontramos en una fiesta, va a ser fácil reconocer cuales son mis hijos y cuáles son los de Sascha Fitness.

167

Si tengo que elegir entre brócoli y papas fritas, sin dudas ganan las papas. Pero como sé la importancia de una buena alimentación, podría terminar comiendo brócoli, sino mi vida sería a punta de milanesas, pasta, helados, chocolate y papas fritas con bastante kétchup.

A Marce no le gustan mucho las verduras, solo el plátano, la papa y la manzana, que será muy sana pero en Venezuela es un artículo de lujo. Cami come un poco más, le encantan las sopas y bastantes frutas. Paulina adora las frutas y muere por el aguacate, las hortalizas le cuestan un poco más.

No podemos obligarlos a comer por la fuerza. Todos detestamos que nos impongan cosas. Y obligarte a comer algo es una imposición detestable, en cambio la libertad de elección es importante para todos, nos hace sentir bien.

Ponerse en lugar del chamo y pensar cuando te obligan a algo o cuando te dan a elegir, es beneficioso.

Algunas cosas que pueden ayudar:

Un buen mercadeo del producto, recuerdo querer comer espinacas porque Popeye lo hacía. Entonces les cuento cuáles alimentos los ayudan a ser más fuertes y ágiles, a ser más inteligentes. Es importante que sepan el por qué de las cosas, no alcanza porque lo tienen que comer y ya; es mejor explicarles la importancia de alimentarse con verduras, qué aportan estas al organismo.

Propuestas cerradas al momento de darles a elegir. No les puedo decir: ¿qué quieres comer? Es más fácil con un: ¿te preparo un puré de papas o prefieres una sopita de auyama? Que ellos puedan elegir hace que la comida sea más apetecible. Pero no se puede ser muy abierto, porque ante la propuesta totalmente libre el niño va a elegir comida chatarra.

Hacer mercado con los niños de manera que ellos puedan elegir qué quieren comer. Eso sí, hay que armarse de paciencia porque se tarda el triple. Incluso ir a comprar a un huerto es un paseo alucinante.

Cocinar juntos, pasan un rato agradable y los acerca a la comida. Existen varios estudios que dicen que los niños que cocinan junto a sus padres consumen un 80% más de verduras y hortalizas, que los que no se involucran.

Lo que más funciona es presentárselos de forma divertida, creando caras graciosas, dibujando paisajes, inventado personajes.

El paladar se condiciona paulatinamente, sin forzar, paso a paso, no desesperarse ni abandonar a la primera vez. Indudablemente es totalmente lógico que si vos decís que algo es asqueroso, tu hijo no quiera ni probarlo. Nadie puede dar lo que no tiene, tenemos una opción ideal para empezar a comer mejor. Una vez más, nada mejor que el ejemplo.

168

Es normal que los adultos digamos palabras incorrectas, alguna grosería se suele escapar a veces sin querer y a veces por culpa del coñ... de la madre del motorizado que nos rompió el espejo del carro. Los niños las aprenden de nosotros o porque las escuchan en la calle, de algún compañerito de la escuela, luego pueden usarlas inocentemente o porque les gusta cómo suenan, sin darle la connotación específica. Alguien se ríe y ellos la adoptan.

En casa usamos términos como boludito sin intención de agredir, como una picardía cuando alguno está muy distraído, se tropieza, etcétera.

Marce no lo mide bien todavía, entonces alguna vez le dijo a la maestra que: «estaba boluda hoy», y por supuesto que no causó las mismas sonrisas que en casa.

El peor en casa con los malos términos soy yo, entonces ellos me ayudan a corregirlo y saben que hago el esfuerzo porque es feo. Es necesario que cambie yo, que aproveche de educarme y dejarme educar por mis hijos.

Si son palabras que aprendieron en la calle o de otro adulto, incluso un niño que admiran, deben saber que no está bien copiar ni aprender las malas actitudes de los otros. Y que debemos hacernos responsables de lo que decimos, porque podemos hacer y hacernos daño sin ninguna intención.

169

De la dulce espera a la ansiosa espera. De: «el que espera desespera», a «esperen y yaaaa...»

Muchos en Venezuela creen que la fecha de «nacimiento» es la semana 37 o 38. Realmente esa es la semana de «bebé en término», lo que pasa es que como hay muchas cesáreas, generalmente se hacen a partir de esta semana, porque si esperan unos días más, hay mucho «riesgo» de nacer de forma natural.

Igualmente, tranquilos, todavía estamos dentro de los promedios extendidos, hasta la semana 42 es muy común un nacimiento, sobre todo en las primerizas, y más en otros países, donde es más común el parto humanizado. Creemos totalmente en la ciencia y agradecemos a los profesionales que trabajan por humanizarla.

Ale y yo pensamos, supusimos, creímos que íbamos a ser padres en la semana 38. Entonces la abuela Carmen armó las maletas y se regresó de su viaje porque iba a nacer su nieta. Eso fue hace dos semanas.

La tía Ana pasó todos sus viajes para la segunda semana de diciembre y acá está con las maletas hechas, con miedo de que lleguemos a la segunda quincena con

Paulina en la barriga. Los que sí están contentos de que nazca después del 18 son los tíos Happy y Marité, porque ese día llegan a Venezuela.

Marce decía que nacía el día de su cumple (el 4 de diciembre); Cami y Ale sostenían que era el 5, porque es el día de la sonrisa.

Mi hermana estaba segurita de que era el 8 de diciembre (día de la virgen), entonces ese día nos preguntaba cada media hora. No podía creer que la virgencita la dejara en banda.

Yo le erré feo, pensé que era el fin de semana del 24 de noviembre.

La única que «acertó» fue mi mamá. Ella dijo: «Cuando sea el día y la hora va a llegar Paulina. No la apuren con chocolates, picantes, ni cosas raras. Tengan paciencia, no renieguen que eso hace mal. Disfrútenla así, porque va a nacer cuando tenga que nacer, así es la naturaleza».

170

Hace 18 años fui a Haití y ya estaba devastado por los pésimos gobiernos que han tenido.

Charlando hice una pregunta atorrante: «¿Y por qué no se van?». Me dieron varias respuestas, pero uno me dio la mejor: «Porque soy de acá y solo voy estar bien cuando mi acá esté bien». Era un carajito, como yo en aquel entonces.

Cuando jugamos y hacemos improvisación teatral sostenemos que los únicos responsables de lo que pasa en el escenario somos nosotros. Sé que es un poco más complejo, pero me encanta. Deposito la responsabilidad en mí en vez de poner la culpa en los otros. Y en el escenario de la vida es así. Amo aplicarlo.

Decir «mi patrón es un inepto» habla de qué tan inepto soy yo que no puedo conseguir otro trabajo. Hablar mal de tu pareja es perdonable porque seguramente no has conocido el amor. Todo aquel que amó se prohíbe vivir con quien no ama. Decir que el Gobierno es una mierda solo habla de tu capacidad de resumen.

Irte es una opción, mi pana, y sería un atorrante si lo criticara. Lo mejor para ti. Pero nosotros, los que nos quedamos, tenemos que sincerarnos, revisar nuestros errores, aprender de ellos. ¿Dónde la cagamos tanto para estar como estamos? ¿Cuál fue nuestra desidia?

Y, como yo soy el responsable, es necesario pisar la pelota, enamorarme de la camiseta y empezar a construir buenas jugadas.

¿Cuánto estoy haciendo para cambiar esto? ¿Cómo vamos a construir el país que soñamos? Nuevamente la respuesta la encuentro en un montón de carajitos que estudian, que buscan formarse y que generan miles de emprendimientos porque sueñan un mejor acá.

171

He cambiado tanto que debo ser otro.

En el año 1991 pasé mi primera navidad en Buenos Aires, a 360 kilómetros de mi familia. Esta historia tal vez ni ellos la sepan.

Todos los argentinos de mi generación militamos en política, somos los posdictadura. Yo aprendí mal, aprendí a culpar a otros de las desgracias propias. No era lo que habíamos hecho como ciudadanos, cobijando una «dictadura capitalista al servicio del imperio». No éramos nosotros, eran ellos, el imperio gringo, el inglés, el Imperio católico que se llamó a silencio todo este tiempo. Y yo en vez de amar lo mío y mejorarlo, aprendí a odiar lo de ellos y querer destruirlo. Por lo tanto, le tenía tanta arrechera a McDonald's como a la Navidad. Todo está hecho para consumir, capitalismo salvaje... etcétera y etcétera, muchos otros etcéteras.

Retomo, tenía 18 años, era el verano porteño, yo vivía de vender latas de refresco en un semáforo. Ese año decidí que mi Navidad iba a ser un día más de mi vida. Todo era normal. Vivía en una pensión llena de paraguayos, bolivianos, peruanos que se rebuscaban la vida como yo.

No acepté ninguna invitación, trabajé hasta las 8 de la noche. Al llegar a la pensión todo era fiesta, pensé «pobre gente, cómo les jodieron la cabeza».

Cené lo mismo que cualquier día y me puse a leer. Detestaba la música y mucho más las ofertas de salir con ellos a compartir. Intenté dormir y no pude. A las 11:50 pm suena el único teléfono que había. Se escucha el grito, «Jorgeeeee Paaarraaa», y voy todo fastidiado a atender. Era mi hermana y mi mamá, querían estar conmigo, acompañarme.

Lo primero que les dije, fue una mentira, que estaba compartiendo con la gente: estos paraguas son unos fiesteros bárbaros, tienen una joda.

Cuando corté, empecé a llorar, lloré tanto como si nunca hubiera llorado, no podía parar. A las 5 de la mañana, todavía lleno de lágrimas, agarré la mochila y me fui haciendo dedo (pidiendo cola) a abrazarme con ellas.

Ahora, preparo hallacas, armo arbolito, canto gaitas y cuando suenan las 12 celebro, me abrazo a Pauli, a Ale, acaricio a Bernardo en el vientre, mientras mi alma se funde en un apapacho con Cami, Marce, mi madre y la Marita.

172

En este andar escuchando música con mis hijos, solo por el hecho de cantar, bailar, de seguir enamorándonos, me toca escuchar reguetón. Ya las cancioncitas infantiles no funcionan como antes. Como podemos elegir un tema cada uno o un día cada uno es el DJ o selector, según de la generación que sea, ellos suelen andar cantando canciones que a mí gustaban y que yo considero que son muy buenas. Esto me recordó que mi profesora de folclore decía: «Música era la de antes, que lo que ustedes escuchan es puro chatín chatín».

Reconozco que no me gusta el reguetón, de hecho, me fastidia un poco el reguetón hasta el segundo ron, en el tercero ya hasta perreo.

Si tengo que hablar de la música que me gusta, la tengo bien mezcladita: los Rolling Stones, Iggy Pop, muchísimo del folclore argentino, la Mona Giménez, lo más cercano, Soda Stereo, los Redonditos de Ricota. El primer tema que me gustó pero me costaba reconocer fue «La gota fría» de Carlos Vives.

Luego, al llegar a Venezuela, Desorden Público, Gaélica, a Cecilia Todd la conocía de antes y fue amor a primera escuchada, me gocé las rumbas de Circo Vulkano, ahora Okills, Rawayana. En algún momento se me había pegado una de Fonsi, debo aceptarlo, que dice: «Des-pacito quiero besar tu cuello...»

Mi hija me lo dejó clarito cuando comenté que no conocía casi nadie de los nominados a los Premios Grammy. «Es que vos, papá, cantabas "Agárrense de las manos"». Lo dijo entonando la canción, como lo haría el Puma. Nooooo, casi me muero, eso no es verdad.

Yo escucho las canciones que ellos escuchan por dos razones, porque me gusta querer lo que ellos quieren y por saber también qué están escuchando.

A mí me pasó con una sobrina postiza cuando yo todavía no era padre, ella quería un CD de Caramelos de Cianuro y se lo regalé. Diez minutos después, mientras tomaba un vino con los padres, escucho a la niña cantar desaforada: «No soporto tenerte lejos, quiero hacértelo frente al espejo, siempre te has desinhibido ante los actos prohibidos...» Me quería morir.

—Tranquilo, tú eres tío, yo soy el padre —me dijo Arnoldo.

173

¿Por qué quedarme en Venezuela? Sin duda porque quiero, porque descubrí que es mi lugar en el mundo. Porque mis hijos son mi patria y quiero estar con ellos.

Pero este «porque quiero» se fortalece en que es el único país del mundo donde vos le preguntas a alguien «¿cómo andas?» y te dice: «de pinga, mi pana». En cuatro palabras te manifiesta alegría y fraternidad.

Me quedo porque soy un ciudadano del mundo, enamorado de este suelo, porque la mujer que amo ama estas tierras, por los amigos que siempre están, por Doctor Yaso, Improvisto, La Escuela del Humor, porque tiene el clima que amo (en especial Caracas), por el cocuy y el ron, por el marrón oscuro, por los tequeños y las cachapas, porque brindamos con la izquierda para que se repita y nos miramos a los ojos para tener buen sexo.

Igual que te voy a dar consejo, te digo que empecé a irme a los 11 años de mi casa. Así que si quieres irte, vete, te deseo lo mejor. Por favor, emprendé viaje porque TÚ quieres, no porque otros se van. Si un día decides volver, acá te esperamos, mi pana, y seguro brindaremos por eso. Y si también encuentras un lugar en otra parte del mundo, ámalo y hazlo tuyo.

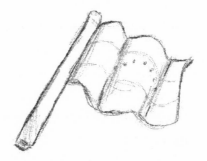

174

Tenemos que hablar de política con nuestros hijos.

Un amigo argentino que tiene años en la militancia política me escribió preguntándome: «¿Qué pasa en Venezuela?». Es bien complejo de entender.

Hoy por hoy la realidad política es el tema del día a día, está en todas las noticias (para colmo con visiones parcializadas por el interés político/comercial que representan), en las conversaciones con los amigos.

A mis hijos les afecta cuando no pueden ir a la escuela, les genera ansiedad ver cómo andamos los padres, saber que no pueden salir a la calle por seguridad, entonces necesitan que nosotros les demos una explicación concreta y de una forma conveniente para su edad, así ellos pueden entender lo que sucede en Venezuela. Hemos hablado varias veces del tema, ayer pongo la radio, había una cadena, Marce hizo un comentario y arranqué.

Para mí el momento ideal para conversar con mis hijos es cuando escucho una pregunta que viene de ellos. Les pregunté qué entendían ellos de lo que pasaba. Intenté analizar sus respuestas y sus preguntas. Después de un ratito dejé que Marce jugara porque no le importaba el tema, la charla solo se extendió con Cami. Así que fue una buena oportunidad para hablar sobre las visiones de país que se contrastan, de contarle que no hay dos visiones solamente, incluso que dentro de esas visiones hay otras visiones, y aproveché incluso de contar cuál es la mía.

Sé que muchos intentan no hablar de estos temas para evitar tensiones, incomodidades, momentos espinosos. Particularmente prefiero hablarlo a que ellos reciban lo que yo considero una mala información.

Esta charla es un bonito espacio para enseñarles, ayudarlos a generar su opinión, a que expresen sus ideas, a aprender de ellos. Cami está bastante clara, lo primero que me dijo fue:

—Es como si ustedes tres (Marce, Ale y yo), que son del Barcelona, no me dejaran hablar a mí por ser del Madrid.

Y luego de un rato de la charla, sentenció:

—Es como cuando en la casa los padres se pelean entre ellos por tener la razón, en vez de escuchar y pensar qué es lo mejor para todos.

Tremenda lección, hija, gracias, ahora ya sé qué decirle a mi amigo.

175

Yo creo que el hecho político/social tiene que ser algo cercano, que sepan que los afecta en el presente y en su futuro. Debemos hacerlo con convicción, pero desde el respeto. Evitemos entrar en ira, porque nos ponemos intolerantes y empezamos a desprestigiar a ofender. Decirles que por suerte no todos pensamos igual, que las diferencias son enriquecedoras, así fomentamos el respeto a los ideales de los otros, que por pensar diferente no somos dos bandos, todos seguimos siendo venezolanos.

Los políticos hablan enajenados por su pasión, entonces usan términos que no son adecuados para niños, que luego les preocupa. Escuchan «defenderemos esto con nuestras vidas», «...así corra sangre en las calles», «...guerra civil». Y nosotros debemos aprovechar para informarles y darles tranquilidad. Todos necesitamos sentirnos seguros, y estos tiempos no ayudan ni a los niños ni a nosotros. Es el momento que, desde el ejemplo, con hechos, promovamos el discernimiento, la democracia, la paz, que sepan que la violencia solo genera más violencia.

Y al charlar con ellos, no perdamos la oportunidad de escucharnos, a ver si comprendemos nosotros también.

176

El día de la quema de Judas había un muñeco con un cartel de dictador. Cami le estaba explicando a Marce qué es un dictador, le dijo: «Es un presidente que le hace mal al país». Yo me sumé a la charla, para sondear qué pensaban, hice un par de preguntas más. Luego, como todo papá progre, les expliqué en palabras sencillas, simples y fáciles de comprender qué era un dictador. Marce lo entendió muy bien porque me dijo:

—Un dictador es como vos hoy cuando no fuimos al parque ni al cine porque querías venir acá.

¿Ves? por eso es bueno tener un pueblo/hijos ignorantes.

Mi definición de dictadura fue esta: un dictador es un presidente, también puede ser una persona, incluso un niño, que utiliza el poder para imponer lo que él quiere a los demás, sin importar que los otros sean mayoría.

177

¡Hola, Edgar! Gracias por tus comentarios, por tus palabras entusiastas.

Estoy seguro de que emigrar por razones laborales o en busca de nuevas oportunidades es una experiencia estresante, toda la familia experimenta cambios emocionales.

Considero que la migración y la separación de una pareja tienen puntos de encuentro y, desgraciadamente, son muchos los amigos venezolanos que han decidido irse del país. Ellos me cuentan que los niños pequeños (hasta 5 años) lo notan menos, se adaptan más fácilmente a los cambios, ellos lo que más necesitan es el amor de sus padres y ahí están ustedes para dárselo. En edad escolar suele costarles un poco más, son resistentes a cambios bruscos. Por eso es importante que les cuenten antes de partir todas las ventajas que representara este cambio, los atractivos con que se van a encontrar, mostrarles que les hará la vida más feliz. Puedes contarles cuentos, historias reales o inventadas. Un amigo me contó que una de sus estrategias fue mostrarle en internet todas las cosas bonitas que tenía y podían recorrer de la nueva ciudad; él también había viajado un par de veces antes y por lo tanto ya le había conseguido amiguitos con quien jugar.

Allá es imprescindible que tengas tiempo para compartir con él, salir a pasear, escuchar sus miedos, debes entusiasmarlo, transmitirle positividad, encontrarle rápidamente compañeritos con quien compartir, conocer sobre la cultura a donde estás llegando. Considero que es bueno que se mantengan algunas rutinas, en especial en la alimentación, en mis tres años de mochilero lo que más me costó fue adaptarme a las comidas.

Lo principal es estar alejado de la nostalgia, el guayabo en nosotros los adultos es un poco más duro, mi pana, este cambio impacta en nuestras vidas, significa asumir una gran responsabilidad. Andamos más vulnerables, pero es importante que nos apoyemos en las cosas positivas. Quedarte en un país donde no tienes oportunidades de trabajo también es una experiencia estresante. Yo lo comparo a seguir donde no hay amor.

Aprovecha de jugar, es ideal para liberar el estrés, así que los va a ayudar a toda la familia. Es sano seguirse comunicando con la gente que dejaste en Venezuela, la tecnología pone las cosas bastante más fáciles; pídeles a los familiares y amigos que te apoyen. Que en vez de contarles cuánto los extrañan, les pregunten por las cosas nuevas, por lo bello de esta ciudad.

Edgar, lo mejor para vos y tu familia, buena vida en el lugar del mundo que decidas vivir. Saludos.

178

Estoy convencido de que los padres somos los políticos de nuestros hijos. Sé que diciendo «político» soy muy genérico, que hay de todos en ese rubro, como hay buenos padres y yo, como hay excelentes payasos y yo. Pero es solo una metáfora para contarte mi visión trasnochada.

En este sentido, los políticos de la Venezuela de hoy nos muestran lo importante que son los padres de verdad, los normalitos, esos que están llenos de errores. Esos que pueden tener muchas diferencias entre ellos, que tal vez no vivan juntos, pero que les importan sus hijos. Que tienen discusiones acaloradas puerta adentro, pero necesitan juntarse para generar un plan que brinde bienestar a sus hijos. Que saben que es imposible hacer lo que uno quiere porque el otro también quiere y, para completarla, lo totalmente distinto, entonces lo cambian por el qué será lo mejor para nuestros chamos. En pocas palabras, esos que aman más a sus hijos que a su ego.

Siempre me ilusiono pensando que en vez de salir la Guardia Nacional a reprimir las manifestaciones de los estudiantes, a darle palos a los chamos —que es algo así como que un progenitor suelte sus perros cuando su hijo hace un berrinche, con la única justificación que el niño no lo está escuchando—, un día salga del otro lado uno de estos padres a explicarnos, a escucharnos, a pulir diferencias. Me preparo tanto que ya sé que ese día puedo estar muy molesto, pero no puedo insultarlo, que seguramente nos hablaremos feo un rato, pero vamos a llegar a comprendernos y juntos vamos a trabajar para solucionar nuestros problemas, a cambiar los «o» por las «y».

179

Hace tiempo mi pana Carlos Gino me contó un juego que él utiliza con sus hijos en las salas de espera cuando tiene cita, igual puede ser útil en cualquier lado. Acá en Venezuela los médicos atienden por hora de llegada, te citan a las 8 de la mañana y te atienden 4 horas después, la única opción de que te atiendan a las 8 es durmiendo en la puerta del consultorio.

El juego es muy simple, le escribes un número en la espalda y el niño debe adivinar, cuando adivina, le toca a él escribir en tu espalda.

Inventa variantes, adivinar letras, hacer dibujos, escribir letra por letra una palabra, nosotros lo jugamos una vez así en casa y eran por rubro, verduras, circo, colegio, etcétera.

180

Te pueden dar pasaporte, la nacionalidad, pero no eres venezolano si no sabes reír. Para mí la sonrisa es una marca registrada del venezolano en el mundo, un tipo alegre, bonchón, noble, a quien le encanta disfrutar la vida con sus seres queridos.

Una capacidad asombrosa para burlarse de sí mismo al echar un cuento, pendiente de un buen chinazo no para burlarse si no para celebrarlo; siempre una anécdota graciosa en los labios, incluso una historia trágica la cuenta de forma divertida.

El venezolano irradia entusiasmo a pesar de los problemas, de las penurias que sufrimos, él siempre está emprendiendo algo, viendo cómo se resuelve ese peo sin perder la alegría, echándole bolas.

Supertrabajador, hace de todo y, si no sabe, lo aprende. Si tienes un peo, un pana siempre va tener tiempo para tomarse un café o unos rones para matar esa culebra de una buena vez, un tipo que vive la vida convencido de que vale la pena vivirla.

Y si de algo te puedo contar, es de su generosidad, fui uno de los 3 fundadores de Doctor Yaso y he visto miles y miles de voluntarios en todo el país salir a regalar sonrisas a quienes más la necesitan, incluso varias fundaciones de payasos de hospital en Latinoamérica son llevadas por venezolanos.

En estos tiempos de pandemias, y durante los últimos años de miseria, venezolanos por doquier compartiendo comida, ese ímpetu para ayudar a quien lo necesite está en su genética, consiguiendo medicamentos, ropa, brindando educación, forestando, limpiando playas, todos ayudando sin recibir nada a cambio, o sí... esa sonrisa que nos hace sabedores que juntos vamos a salir de esto.

Claro que hay gente de mierda, pero yo te cuento por qué me enamoré de Venezuela.

181

Un mes después de enterarme de que se iban a vivir a Miami, Marce se fracturó. Ese día yo también sufrí un quiebre, pero en mi forma de pensar.

Mientras buscaba hospital que atendiera a mi hijo, fuimos a 3, uno estaba cerrado y los otros dos no tenían material para atenderlo, terminamos en una clínica. Lloré de la bronca abrazándolo (por suerte uno de los papás me tomó del brazo y me dijo «en este momento no ayuda eso») y dije para mis adentros «¿por qué hay que vivir así?». Aunque me duela, tengo que aceptar que mis hijos vivan en un país donde la salud es un derecho, no un negocio manejado por un par de corruptos desde el gobierno.

Yo no me quería ir, no me quiero ir; mi plan B es Venezuela, estoy seguro que el C también.

Esa noche ya en casa vi lo que tenía, lo que me enamora.

Ni bien Marcelito se lastimó jugando al fútbol, todos los padres que estaban ahí corrieron a sacar sus carros para llevarme, incluso uno fue supergeneroso con su moto y yo no me animé.

Protegieron a Cami y a Paulina mientras Ale llegaba, le dieron meriendas, jugaron con ellas para que no notaran mi ausencia. Llamaron por teléfono buscando ayuda que pudiera atender a mi hijo, el clásico amigo del amigo. La mamá corrió a la clínica para apapacharlo y resolver papelerías.

Los niños le dedicaron el triunfo a Marce, todos llorando por su compañerito, le mandaron videos llenos de mensajes bonitos.

Ya en la clínica, llegaron mamás a ver cómo estábamos, el teléfono se quedó sin batería de tanta preocupación. El grupo de padres era una demencia. A la tarde nos acompañaron, nos prestaron sus abrigos, volvieron a la noche con cena.

Los amigos, al enterarse, se pusieron a la orden, me ofrecieron incluso prestarme dinero para solventar los gastos. Cuando conté en las redes, la solidaridad fue absoluta. Me brindaron todo el cariño y apoyo necesario, me recomendaron lugares con precios más solidarios, médicos se pusieron a la orden, incluso me ofrecieron hacer un *crowdfunding*.

Para empezar un viaje, es bueno saber dónde estamos parados y justamente esa es mi ancla, mi credo, lo que me dice que un día será.

Los venezolanos sabemos lo que estamos padeciendo y que todos somos víctimas, que saldremos juntos, que nos duele cada uno de los que se va.

Y como mi plan se llama Venezuela, como el de muuuuchooos, trabajo día a día para construir una que esté bonita y sana. Porque estoy seguro que, cuando la construyamos, ellos se van a ir, porque la corrupción, la delincuencia, la represión no va tener lugar, y ellos no saben hacer otra cosa.

182

Una de las vainas más dolorosas de emigrar es lo que se extraña, lo que se añora.

Nunca extrañé las comidas, los paisajes, pero los afectos...

Fue fácil sanar mi migración, porque era lo que deseaba, yo buscaba «mi lugar en el mundo», pero la de Cami y Marce fue muy distinta. Uno no elige extrañar, pero cómo controlarlo.

Uno es feliz de saber que les va bien, que ellos son felices en su nueva vida, pero las lágrimas no entienden y salen.

A los que vivimos la migración, ya sea porque nos vamos o nos quedamos, nos toca traer de los recuerdos las cosas bonitas y disfrutarlas en nuestra mente, pero dejando de lado la añoranza.

Me gusta esta frase de Frida Kahlo: «Madurar es aprender a querer bonito, extrañar en silencio, recordar sin rencores»... quedarnos con lo que nos dibuja la sonrisa del reencuentro.

SOMOS
MÁS

183

Tanto lo que hacemos como lo que decimos tiene una gran influencia en nuestros hijos. Por lo tanto, deberíamos intentar que nuestras actitudes sean acordes con las palabras.

Jefferson está hablando con otros compañeros cirqueros. Keiza, su hija de 4 años, también quiere demostrar sus conocimientos y se entromete en la conversación de los grandes. Jefferson corrige: «Keiza, no debes interrumpir cuando hablan los grandes». Y Keiza le dice: «¿Y vos por qué sí me podés interrumpir cuando yo interrumpo a los grandes?».

¡Qué difícil es predicar con el ejemplo! No es lo que decimos, es lo que hacemos.

184

Trata al otro como te gustaría que te traten a ti mismo.

Las frases hechas son solo eso, frases hechas. En ocasiones pueden servir, pero somos individuos únicos, por lo tanto, no a todos nos sirve. Yo cuando fui padre de Marce ya había sido padre de Cami, por lo que pensé «esto va a estar más fácil». Tremendo error, porque sí, pero no. Suponer que a nuestro hijo le gusta, interesa, disfruta las mismas cosas que le gustaban al hermano mayor es un pelón.

En nuestras visitas hospitalarias, cada puerta que atravesamos, cada niño que visitamos es único. Y a ese niño lo tratamos como él quiere y necesita ser tratado.

Conozcamos a fondo a cada uno de los niños, averigüemos cuáles son los temas que lo motivan y expresemos nuestro interés. Eso nos va a permitir que tratemos a Marce como le gusta y merece que lo traten a Marce, y a Cami como le gusta y merece que la traten a Cami.

Ojo, decirlo es fácil, arrecho es hacerlo.

185

La alegría se entiende en todos los idiomas.

Cuando yo era pequeño llegó a mi pueblo un polaco, venía a visitar su familia, y eso para nosotros era toda una atracción. Al llegar a mi casa lo describí, es flaco, rubio, muy alto, habla muy raro, así como en el cine, pero se ríe en argentino.

186

El dicho dice que «los machos no lloran». Tal vez sea verdad, nunca fui muy macho.

¿Pero como padre? Ser padre me ha significado llorar horrores a solas y acompañado, llorar porque nació, llorar de júbilo porque su manito se aferró a mi dedo, llorar porque me sonrió, llorar porque dijo papá, llorar de admiración porque dio los primeros pasos, llorar de alegría viéndolos jugar, llorar de arrechera por haberle gritado o agarrado el brazo fuerte, llorar para adentro al verlo comer solo, llorar porque le dijo al amiguito que su papá es genial, llorar por miedo a cometer una injusticia con ellos, llorar repasando fotografías viejas. Hay miles de llantos que te alegran el alma, incluso llorar cuando recuerdas las veces que lloraste.

187

Muchos años después, las molestias de la injusticia todavía afloran en el recuerdo.

Natalia llega del colegio peleando, a los manotazos, con su hermano Lorenzo. El padre los ve, corre hacia ellos, los abofetea y les grita: «No peleen, la gente no soluciona las cosas a los golpes».

Los golpes duelen, pero la incoherencia duele muchísimo, papá.

188

A Cami le encanta que le recuerde anécdotas de cuando era chiquita, y esta la disfruta en especial.

Vamos a retirar dinero del cajero, ella lo recibe al salir por la ranura. Mientras lo guardo, ella se arrima a la ranura del cajero y le dice:

—¿Me das un poquito para mí?

189

Me cuesta muchísimo ser justo, darle solo el reconocimiento que se merecen las personas que amo. Siempre son más, mucho más, siempre me despeinan de la alegría sus sonrisas, todo lo que hacen es maravilloso, brutaaaaal, incluso hacen la comida más espectacular del mundo así sea una arepa quemada, me hacen tirar peos de colores sus ocurrencias.

También sufro, sufro horrores cuando están tristes, incluso cuando están melancólicos. Me desespera no encontrar la forma de devolverles la alegría, entonces me emberrincho con mi Dios porque no me comprende, empiezo negociaciones, le digo que sea serio, que me pare cuando le hablo. Incluso lo insulto si hace falta. Y él me sale con esa de que no me paraba porque me estaba enseñado a ser humilde y compasivo. ¡Ay, Diooos!!!

A una persona que admiro, le pasaba lo mismo, pero él lo decía bonito. Es Eduardo Galeano en su cuento «Los hijos», cuando cuenta una anécdota de su hija Florencia, a la que veía poco por estar siempre en el diario o en la universidad. Ese día esperaba a su hija en la parada del ómnibus, pues la madre no estaba. La niña llegó muy triste. Luego de un rato en el que él la invitaba a contarle lo que le pasaba, la niña le dijo que su mejor amiga le había dicho que no la quería. Y entonces Galeano dice:

> *Lloramos juntos, no sé cuánto tiempo, abrazados los dos, ahí en la silla.*
> *Yo sentía las lastimaduras que Florencia iba a sufrir a lo largo de los años y hubiera querido que Dios existiera y no fuera sordo, para poder rogarle que me diera todo el dolor que le tenía reservado.*

190

Para mí es importantísimo fortalecer los sueños de mis hijos. Marce quiere ser cocinero, y va por buen camino. Cami quiere ser bailarina, y va por buen camino. Paulina quiere ser grande, y va por buen camino.

Es probable que en algún momento deseen cambiar de profesión. Pero es importante, por lo menos para mí, que ellos sepan que los voy a apoyar. Estoy convencido de que eso les va a dar confianza en que puede hacer realidad su sueño.

191

Definición de «Hijo», por José Saramago:

Hijo es un ser que Dios nos prestó para hacer un curso intensivo de cómo amar a alguien más que a nosotros mismos, de cómo cambiar nuestros peores defectos para darles los mejores ejemplos y de nosotros aprender a tener coraje. Sí. ¡Eso es! Ser padre o madre es el mayor acto de coraje que alguien puede tener, porque es exponerse a todo tipo de dolor, principalmente de la incertidumbre de estar actuando correctamente y del miedo de perder algo tan amado. ¿Perder? ¿Cómo? No es nuestro. Fue apenas un préstamo.

Cierto, pero es un préstamo que llega a convertirse en el don más preciado que jamás llegamos a tener en el efímero tiempo que dure el empréstito. Un préstamo por el que damos la vida, sabiendo que hay que devolverlo. Un préstamo sin intereses, pero cuyo cuidado lleva implícito el más alto sacrificio y ¡la defensa más sólida! Cuida tu préstamo, muchos lo querrán, otros lo odiarán, ¡pero para ti no tiene precio!

192

Ser padres siempre es difícil; ser primerizo indudablemente es más arduo. Con Ale tenemos los nervios y la
entrega de su primera vez, junto a mi «experiencia» de
tener dos hijos. No es que fue una vaina premeditada,
que dije «coñ…, voy a ver si encuentro alguien sin hijos
para preñar», pero se dio.

Algunos consejitos, tips o descargas que te pueden
servir el día que vayas a hacer una «visita breve» para
conocer al recién nacido.

Acá van mis recomendaciones, que te servirán si son
primerizos. Y si fuiiiiiste… agrégale este detalle: guíalos.
No vayas a lucirte diciéndole que lo están haciéndolo
maaaal, que son unos brutos:

1. Intenta que la visita sea breve. Entre 3 y 5 segundos… está bien. Imagínate que estás saludando al
   papa en el Vaticano.

2. No vayas solo a descifrar a quién se parece el
   bebé, también puedes ayudar lavando platos,
   preparando una comidita, lavando ropita…

3. Si el bebé o la madre duermen, ni se te ocurra despertarlos. Si quieres verlos despiertos, te invitamos a la hora loca de los bebés: 3:00 am.

4. Ten una charla amable, déjate de fastidiar con noticias negativas, esa gente ya está preocupada. Si no tienes de qué hablar, adoramos tu silencio, pero ni se te ocurra hablar de enfermedades en recién nacidos.

5. Llega bañadito. Si fumas, lávate la boquita. Cuidado con la cantidad de perfume que te pones, la criatura no necesita generar anticuerpos para tener de mascota un mapurite, un zorrino o como se llame.

6. Si tienes 10 hijos, quédate en tu casa a cuidarlos o llévalos a pasear al zoológico. Esa gente ya está aturdida.

7. No le hables de cerca al bebé, lo abrumas y seguro tampoco le gusta que le dejes la cara llena de saliva.

8. Si tienes hambre, aguántate, ni lo digas. Los recién paridos no tienen ni plata ni tiempo para hacer mercado.

9. Con respecto a los miaos, puede ser un brindis, no vayas a rascarte. Y si la pareja es un gafo como yo, no se emborrachen juntos.

10. Si tienes gripe, simplemente, no jodas... y si tienes alguna enfermedad tipo tuberculosis, COVID, ma-

laria, etcétera, recuerda que en Venezuela no está fácil el tema de las vacunas.

Incluso tenés el antecedente bíblico, fijate que Melchor, Gaspar y Baltazar llegaron el 6 de enero, 13 días después que nació el muchachito, con unos buenos regalos. Si querés quedar como un rey, hacé como los Reyes Magos.

193

«¿No te da pánico tener una mujer exitosa, que otros hombres la miren? Yo prefiero que sea fea, pero mía», me escribió una persona en Instagram.

¿Qué es el éxito? ¿Ganarle a tu mujer? Raaaaro.

Flaco, qué poca seguridad es pensar «yo ni de vaina me como el mejor plato de este restaurante. Voy a ir a ver qué hay en la basura, cosa que nadie me lo bucee».

A mí, por el contrario, hasta queso me da que otros la admiren.

Tengo la dicha de compartir mi vida con una mujer exitosa y triunfadora. Me importa tan poco que alguien piense que soy «la mujer de mi mujer» o «el culo de mi mujer», tanto que a veces cuando llego a un evento el tipo de la entrada agarra la invitación y dice: «El señor Alejandro Otero y su compañía».

Yo no le digo nada porque queda pa'l orto que le diga: «Disculpe, caballero, ella es Alejandra Otero y yo soy el culo».

Incluso también soy ama de casa, yo adoro consentirla a ella y a mis hijos cocinándoles. Yo no la ayudo en la casa, yo tengo la misma obligación que ella de mantener la casa limpia y ordenada. Y mientras ella está dando teta (vaina que no puedo hacer), yo lavo los platos o la ropa.

Estoy convencido de que un payaso con muchos prejuicios a juro es un mal payaso, y aunque esto también sea un prejuicio, me gusta e intento llevarlo al día a día.

Es necesario normalizar la igualdad, asumir responsabilidades, comprender que cuando «decidimos» vivir juntos, si lo decidimos los dos, estamos asumiendo los compromisos que conlleva.

Incluso lo más importante lo enseñamos sin enseñar. Cuando un lumpen le diga a tu hija: «esas son cosas de mujeres», tu hija sabrá que no es así, porque ella aprendió a lavar los platos junto a su papá.

194

Dar teta es dar vida, tal vez a algunos les suene cursi, pero es así de real.

Entonces a algunos hombres nos da un poco de celito, pero olvídate de eso, nuestro papel es fundamental en ese momento.

La lactancia materna necesita tiempo y tranquilidad, y acá nosotros somos indispensables, porque no es todo color de rosa. Para que mamá esté relajada con nuestro hijo, nosotros le podemos preparar un tecito, un masajito, prepararle una ducha con agua calentita, un chocolate, ayudar a ordenar la cama, cualquier forma de consentirla ayuda. Porque ella está dando mucho más que comida. Aparte de ser el mejor alimento y el más nutritivo, está dándole amor. De hecho, si presencias una conversa entre madres seguro escucharás: «Es que dar teta es mágico».

Ante todo, infórmate. La paternidad es responsabilidad de los dos. Yo te cuento lo que considero muy importante. Ante todo, que esté bien alimentada e hidratada (cómprale un *cooler* de pitillo, me lo agradecerás, son una gran solución. El detalle del pitillo no es casualidad, le brinda mayor comodidad. Ayúdala a encontrar una bue-

De mis hijos aprendí

na posición, consíguele más almohadas, acomodar bien al bebé es el 70 por ciento de un buen agarre. Cuando termina, está agotada, entonces aprovecho para sacarle los gases, al bebé digo, la PeloChicha se rebusca sola y son tenebrosos.

Mirá, de no ser así, si no le brindas el apoyo que necesita, le va a costar hacerlo, va a querer abandonar. Todo juega en contra, todo el mercadeo está hecho para que se consuma fórmula.

Ayúdala, es importantísimo para la salud de ella y en especial del bebé. Esa vaina duele al principio, igualmente asegúrate de que lo estén haciendo bien. Lleva a la clínica o a tu casa una consejera de lactancia materna, estas mujeres están haciendo un trabajo increíble. Busca un profesional sensible, no una tía Juana que le dio teta a 5 carajitos pero hace 40 años.

Escúchala, apóyala, confía en ella y en tu consejera de lactancia, no te sumes a las críticas, a decirle que seguro lo está haciendo mal. La madre necesita evitar disgustos. Acá es donde demostramos si nos importa realmente dar teta o si lo de los celitos era solo para una foto en Instagram. En cuanto escuches «ese niño se quedó con hambre», «tu leche no es buena», «un buen tetero y duerme toda la noche», usted agarra a esa persona y la pone de patitas en la calle, uno no le pide a la visita que vaya ayudar, pero tiene prohibido joder.

Se puede, créeme que se puede.

337

Te voy a dar dos razones extras para que lo hagas. «La razón culito». Es increíble lo rapidito que adelgazan. Y como está feliz, está bellísima, la teta es estéticamente superefectiva. La PeloChicha recuperó su figura en 3 semanas, yo sigo gordo.

«La razón pesetera». Un pote de fórmula cuesta promedio unos 30 dólares (lo pongo en esta moneda, porque con la economía en Venezuela, si lo pongo en bolívares tengo que cambiar el precio cada una hora). Eso se gasta en una semana. Saca números, en un año son 2.000 verdolagas. Así que, querido papá, colabore, porque si mamá no puede dar teta, a usted le va tocar dar el c...

195

«Solo el que apuesta por lo
invisible logra lo imposible.»

Maickel Melamed

No hay poesía sin riesgo. La hoja de la vida está en blanco, depende de nosotros que exista la poesía. Los que no se atreven nos quieren hacer creer que el fracaso es una muestra de nuestra incompetencia, cuando sabemos que es algo inevitable, es algo humano. Necesitamos una sociedad que nos vuelva poetas, que nos ayude a correr riesgos.

Cuando pienso en la imagen de cualquier niño que va a empezar a caminar, veo un pequeño caminando a los brazos de un ser querido sonriente. Eso es poesía. Como padre, uno no se quiere perder por nada los primeros pasos de sus hijos. Yo recuerdo nítidamente los de mis hijos, recuerdo la emoción y alegría que sentimos.

Cuando somos bebés, caminar es un ejercicio arriesgado y difícil, a todos nos cuesta, pero siempre a alguien le cuesta más, mucho más. Cuando vemos a nuestros padres caminar nosotros deseamos hacerlo y, al ellos motivarnos, resulta más fácil. Cuando cae, lo abrazas, lo felicitas y lo pones a caminar nuevamente. Lo invitas a asumir el riesgo, porque vale la pena el viaje.

Por suerte, hubo un niño que no conocía este dicho: «Mejor malo conocido que bueno por conocer», si no todavía andaría arrastrándose por el piso. No se permitió quedarse en su zona de confort. Ganaron los «¡vamos, tú puedes!». Los escuchó un montón, un montonazo de veces.

Claro que conoció el fracaso, lo intentó mil veces antes de lograrlo. Claro que tuvo miedo, pero este no lo paralizó. Claro que era ridículo verlo caminar, pero su meta era mucho más grande. Asumió el riesgo porque fue más fuerte su deseo, su curiosidad. Fue perseverante. Necesitó aprender de las caídas y lo logró. Cuando 36 años después Maickel Melamed cruzó la línea de llegada del maratón de Nueva York, todo el esfuerzo se vuelve poesía. Su historia es maravillosa y puedes leerla en sus libros.

El poeta da los últimos pasos hacia la meta sostenido en la mirada del padre que lo espera con los ojos llorosos y los brazos abiertos, como el primer día. La poesía, cuando se comparte, se vuelve más poesía.

196

Realmente no sé si esta anécdota sobre la vida de Thomas Alva Edison (uno de los inventores más grande de la historia de la humanidad) es cierta o no. Sé que me impresionó mucho, porque todos sabemos quiénes son los grandes talentos de nuestra historia, pero muy poco sabemos qué los influenció, qué los ayudó a serlo.

Thomas, el menor de los 4 hermanos, comenzó la escuela a los 8 años. Después de asistir tres meses, llegó a su casa con un papel escrito y con la orden de entregárselo a su madre. El recuerda que su madre se puso a llorar, entonces leyó en voz alta: «Su hijo es un genio, esta escuela es muy pequeña para él y no tenemos buenos maestros para formarlo, por favor enséñele usted».

Cuando Edison ya era un conocido inventor, un día, revolviendo cosas viejas, se encontró con ese mismo papel doblado. Tamaña sorpresa se llevó al ver que decía: «Su hijo está mentalmente enfermo y no podemos permitirle que venga más a la escuela». Lloró desconsolado, luego tomó su diario y escribió: «Thomas Alva Edison fue un niño mentalmente enfermo, pero gracias al amor de su madre se convirtió en el genio del siglo».

No sabemos si la historia del papelito existió. Lo que sí sabemos es que Edison fue expulsado de la escuela solo a los tres meses de entrar. Thomas se levantaba todos los días muy tempranito, vendía periódicos en la estación del tren, como parte del sustento familiar, y al llegar a su casa era su madre Nancy quien se hacía cargo de su educación.

Otras citas del inventor sobre su madre:

«Mi madre fue la que me hizo como soy. Fue tan leal, estaba tan segura de mí, que yo sentía que tenía un motivo para vivir, alguien a quien no decepcionar».

«Me enseñó a leer buenos libros de forma rápida y correcta, lo que me abrió al mundo de la literatura. Siempre le estaré agradecido por esta formación temprana».

197

Me estaba preparando para la separación de mi expareja y el psicólogo me aconsejó un par de libros. Yo en vez de ir a Google sigo yendo a las librerías.

Una de mis mayores preocupaciones era ¿qué decirles a mis hijos? ¿Cómo manejar la separación? Este es mi resumen e interpretación de lo que leí y de lo que entendí de mi psicólogo. Dejo claro: «interpreté, leí, entendí», siempre intenté hacerlo, pero del dicho al hecho, hay un largo trecho.

Jamás peleamos o nos insultamos delante de los niños, una que otra miradita de fastidio, pero las discusiones fueron a solas, en la casa o en la calle, pero sin los niños. De todas formas, es ideal llegar a acuerdos sobre cómo va a ser la organización en relación a la custodia, esto es una preocupación grande tanto para la pareja como para los niños. No es para contárselo a los niños, es para estar claros.

Habíamos decidido que yo lo decía, yo era el que me quería separar. Pero no importa quién hable, es importante que estén los dos padres en ese momento. Unas de las cosas leídas era que después de anunciárselo necesitabas tener tiempo para estar con ellos, para abrazarlos y decirles cuánto los amas. Sabía que debía ser corto y sencillo, usar un tono cordial, nada de temas legales. Explicarles que era un problema de nosotros los adultos, que no se llevan bien y no pueden seguir viviendo así, que ellos no tienen ninguna responsabilidad (es importantísimo, los niños pequeños suelen sentirse culpables de la separación de los padres, no permitan que sientan eso). Debes dejar claro que jamás te separarás de ellos, que como padres van a hacer lo imposible para que ellos estén bien. Que los amas, que el amor de padre es para siempre, y que siempre pueden contar contigo.

La separación es un hecho doloroso, sin dudas, entonces uno intenta que sea lo «mejor» posible, lo menos «triste» para nuestros hijos. Uno quiere evitarles la angustia que uno anda viviendo. Eso sí, una vez que lo logras, es el hecho más liberador que existe. Alguna vez un amigo, hijo de separados, me dijo: «No tengas dudas que es un alivio para todos».

198

Un proverbio africano sostiene que «para educar un niño hace falta una tribu entera». En este momento necesitas lo más selecto de la tribu con vos, solo tus elegidos, pero los necesitas mucho.

SIEMPRE les debes recordar a tus niños, no solo con palabras, sino con hechos claros, mi pana, que crecerán rodeados del amor de mamá y papá. Que ellos no son culpables de nada. Ya te dije en la historia anterior, no les hables de temas legales, de los problemas con tu ex, jamás hables mal de ella, no la acuses de nada. Son tiempos de arrecheras y rabietas, tu ex es otra persona, lo bueno de eso es que lo que más deseas es que sea tu ex.

Si tienes problemas económicos, tampoco se los hagas sentir, no podrás tal vez llevarlos al teatro y luego por un helado, pero siempre podrás jugar con ellos y pasarla genial, no es dinero, es ganas de pasarla genial.

Les vas a ir contando dónde vives, cómo vives, esto los preocupa. Yo tardé como un mes en conseguir dónde alquilar, por lo tanto, tardé en llevarlos a casa. Claro que los niños sufren, pero una vez que empiezan a mejorar sus padres, los niños mejoran. Hazte tiempo para ellos y para vos, en ese mar picado se necesita paz. Yo tenía unos ahorros, los vendí y me entregué a nuestra nueva vida, ojalá tengas esta posibilidad.

Prepárate para los «¿por qué, papá?». Responde sus preguntas e inquietudes, busca tranquilizarlos, ellos necesitan saber que tanto tú como tu ex están bien. Por lo tanto, no importa lo rompe bolas que sea de quien te separas, jamás hables mal de ella ante tus hijos (es su mamá, basta y sobra, piensa cómo te sientes cuando hablan mal de tu madre), no la acuses de nada y, ante tus hijos, intenta que esté todo bien.

Sé claro que es para siempre. Ellos pueden albergar, «así no lo deseen», una esperanza de que regresen. Pero nunca uses a tus hijos en contra de tu ex o de sus parejas; que sea feliz, ruega porque así sea, es lo mejor para todos.

Es la ocasión ideal para reinventar y potenciar el vínculo con tus niños. Si antes les contabas cuentos al dormir, ahorita más aún, juega muchííííísimo con ellos en este período de adaptación, es superterapéutico para ellos y para vos. Muchos abrazos y besos, esto no hace ni falta que te lo escriba, si amas a tus hijos, tú vas a necesitarlo. Ojo con lo que hablas por teléfono, te pueden escuchar; si tus criaturas usan tu celular, pilas con lo que escribes.

Yo todos los días salía a correr, hacer ejercicio no solo tiene beneficios para la salud física, también brinda paz a la mente. Nos ayuda a desconectar del caos, a despejar la cabeza, a ganar confianza y autoestima, que tanto la necesitas. Busca alguna actividad física que te sirva a ti.

Reúnete solo con amigos que brinden tranquilidad, no necesitas agregarle más leña al fuego. Alguno te va a satanizar y otros despotricarán contra tu ex. Respira, no te llenes de rencor, de nada sirve que tengan la mejor intención si te agregan caos. Habla con tus familiares, ellos son vitales, todos los separados cuentan lo mismo. Mi familia me apoyó mucho desde la distancia porque viven en Argentina, pero estuvieron ahí.

Busca apoyo profesional, debería haber empezado por esto, también sé que no todos los psicólogos son buenos, busca el que te haga sentir cómodo, para mí fue valiosísimo. Si vas a salir con alguien, no la enredes en los peos, no es sano, disfrútense y ya.

Para mis hijos fue trascendental la escuela, no les contamos de forma inmediata a los maestros, lo cual fue un error grande; en cuanto lo supieron, todos se abocaron a apoyarnos. Busca profesionales para que acompañen en este proceso a tus hijos. Yo tengo que agradecerle un montonazo a la abuela materna, se entregó a sus nietos, eso seguramente les dio tranquilidad a la madre y a los niños.

Aprovecho este libro para decirles una vez más GRACIAS a la tribu que protegió a mis críos.

199

Hace 8 años dejé el cigarro.

Reconozco que lo he dejado como 80 veces.

Fumé por primera vez a los 6 años. Me enseñó a fumar un tío de esos que no son tíos pero que son más tíos que los tíos. El sostenía que para hacerme macho tenía que fumar y tomar vino con azúcar.

Reconozco que estoy escoñetadito desde pequeño. ¡Quería ser bien macho!

También tenía una tía que no era tía, ni era la mujer de este tío, que cuando se enteró se agarró una bronca, fue a «hablar» con él, le tiró con todo lo que tenía a mano y me rogaba que no volviera hacerlo. ¡Pero yo quería ser hombre! Pobrecita la tía.

Un día, 35 años después del primer cigarro, después de haberme fumado unos 40.000 dólares (saque la cuenta de cuánto consumía al día, lo multiplique por 365 días y luego por la cantidad de años que lo hice. Anualmente me fumaba unas buenas vacaciones. No solo le haces un daño increíble a tus pulmones, también a tu economía.) estaba dando una conferencia en Dominicana y el catarro me jugó una mala pasada. Ese día fue el último, tuve que cambiar muchas cosas para dejarlo, pero ese día fue el último.

Yo creo que muchos de los mayores de 35 fumaron alguna vez. Tal vez porque estaba de moda, porque era *cool* o por gafos.

Ahorita ando todo cagado... Porque cuando mis panas tomaban la primera comunión, yo la tomaba. Cuando ellos empezaron a fumar, yo lo hacía hace rato. Cuando empezaron a rumbear, yo rumbeaba. Cuando se agarraron las primeras peas, yo tenía una buena colección encima. Ahorita dos tienen cáncer en los pulmones, y yo aprieto ese culo...

Dejo de ser ateo y le digo al Barba que no joda, que Freddy y Mariano son unos tipos de pinga, que son jóvenes, tienen mucho por vivir, que los ayude. Ya no quiero ser tan macho.

Si estás vivo, estás a tiempo. Deja esa mierda.

200

Mis hijos se enteraron que yo estaba en pareja por sorpresa. Hablaba por teléfono en la puerta de la casa (mide 40 metros, te puedes imaginar lo grande) mientras ellos miraban una película. Cami vino a buscar agua y me escuchó. Me enteré un par de semanas después, y recién ahí fue que lo hablamos abiertamente. Que sepan la verdad siempre es positivo, ellos no lo sabían porque los psicólogos aconsejan que no hay apuro en contárselo.

Si bien varias veces les había comentado que tanto mamá como papá podían enamorarse nuevamente, rehacer su vida con una nueva pareja, eso no iba a cambiar nunca el amor hacia ellos. Que la novia de papá no es su madre, que mamá siempre será mamá. Que cuando uno está enamorado es superfeliz y la felicidad irradia más felicidad. Siempre es valioso el diálogo, escucharlos ayuda a que los niños puedan adaptarse más fácil a esta nueva situación.

Te voy a decir la verdad, la aceptación inmediata cuando ellos son pequeños depende mucho de cómo lo tome tu ex, de qué les diga, de los comentarios que ellos escuchen con respecto a tu chica. Si ellos escuchan hablar bien, le va ser «fácil» adaptarse; hablar mal del novio de nuestra ex lo único que genera es tristeza y malestar en nuestros hijos.

Yo creo que lo mejor que le puede pasar a un ser humano es estar enamorado, si no, por lo menos bien cogido. Así que el hecho de que nuestra ex sea feliz y tenga una nueva relación es lo mejor que nos puede pasar. Lo complicado es aceptarlo.

201

Desde pequeños a los hombres nos crían bajo las etiquetas «sea hombrecito», «eso es de niñitas», «hágase machito».

Cuando uno es padre, sabe qué es ser macho.

Macho que se respeta se derrite cuando sus hijos son felices.

Macho que se respeta se preocupa por saber qué les pasa a sus hijos, qué sienten, qué los angustia, se involucra en sus vidas.

Macho que se respeta juega muñecas para hacer feliz a su hija.

Macho que se respeta habla desde el respeto, se esfuerza por hacerse entender, no se impone.

Macho que se respeta no tiene miedo de pedir disculpas cuando se sabe equivocado.

Macho que se respeta paparrucha a sus niños, los abraza, los besa y les dice cuánto los ama.

Macho que se respeta se preocupa por el desarrollo físico y mental de sus hijos.

Macho que se respeta ayuda a mejorar la autoestima de sus críos, a que puedan expresar sus emociones. A entender que llorar es bueno.

Macho que se respeta ayuda e involucra a sus muchachos en las tareas del hogar.

Macho que se respeta, jamás se ríe, ni se burla de los miedos de un chamito.

Macho que se respeta pide ayuda si la necesita.

Macho que se respeta se enamora.

Y por sobre todo, macho que se respeta se caga en la mariquera de las etiquetas sociales tradicionales que dictan qué son cosas de hembra y qué son cosas de macho. Macho que se respeta, lo que se dice un macho que se respeta, piensa en hacer feliz a los seres que ama.

202

Reconozco que siempre fui muy «*grinch*» (mírame a mí escribiendo en gringo) de todo lo que hay que celebrar por celebrar, los días impuestos. Mi rebeldía o mi boludez no me lo permitían. A los 15 años los criticaba, igualmente me hacía ilusión que alguna tía se equivocara y me regalara algo el día del niño o Santa me trajera algo así fuera por lástima.

Creo que por aquel entonces hubiese pensado: ¿qué se necesita para celebrar el día de la mujer? ¿Un támpax? ¿Haber nacido mujer? Por el contrario, hoy les digo que tienen que tener muchas «bolas». ¿Qué quieren que haga? En esta cultura machista, la palabra que mejor las define es masculina.

Les cuento, yo soy la mujer de mi casa. Solo me falta dar la teta. Sí, yo lavo ropa, cocino, limpio la casa, hago mercado, cuido a los niños.

Claramente soy la jeva, estarás de acuerdo.

Ok, yo no. Definirme mujer porque hago las tareas del hogar es un hecho totalmente machista. Las mujeres no tienen que ser igual a los hombres, necesitamos que sean mujeres, respetarlas por lo que son y todo lo que aportan a la sociedad.

Y yo doy teta porque, para que Ale pueda hacerlo, toca hacer las otras tareas del hogar y eso no me hace menos varón.

Las palabras, en este caso «mujer», deben servir para identificarla y no para calificarla dentro de los tipos de pelotudeces retrógradas machistas como un ser inferior, débil, que se dedica a servirte, arreglar la casa, criar a los niños y callarse la boca.

Por eso las conmemoro y las celebro, uniéndome a su lucha, que reconozco y aplaudo. Gracias a que mujeres de todo el mundo unen su fuerza arrolladora, la sociedad ha tenido grandes cambios en pro de la igualdad, la justicia, la paz y el desarrollo.

Todavía tenemos muchísimo por hacer para lograr una verdadera equidad, igualdad de días junto a nuestros hijos al nacer, incluso en el embarazo, cosa que esto no sea una ventaja laboral y nos sumerja en nuestra condición de padres desde el primer día. El acoso sexual, sin duda el hecho depravado de la violencia de género, entre otras cosas terribles.

Empecemos por casa, hagámonos cargo de su trabajo para que notemos lo importante que son, evitemos hacer chistes machistas o caer en actitudes sexistas, vamos a apoyarlas a lograr sus propósitos, si lo logran existirá un mundo mejor para todos.

203

«Quien de verdad sabe de qué habla, no encuentra razones para levantar la voz.»

Leonardo Da Vinci

Nuestros hijos no aprenden a los gritos, eso es maltrato. Que a veces nos saquen de las casillas, nos enfurezcan, es un problema nuestro que debemos controlar. Yo tengo la mala costumbre de levantar la voz, sé que es una forma bonita de decir que no grito, pero la principal diferencia es que el grito viene lleno de ira, de desprecio. El levantar la voz lo suelo usar cuando ellos discuten y no me paran. Levanto la voz para captar su atención, no para humillarlos, luego hablo de forma normal.

Igualmente es algo que tengo que mejorar. Te voy a dejar esta historia que me gusta, la considero útil.

Cuenta una historia tibetana de autor desconocido, que un día un viejo sabio preguntó a sus seguidores lo siguiente:

–¿Por qué la gente se grita cuando están enojados?

Los hombres pensaron unos momentos:

—Porque perdemos la calma —dijo uno— por eso gritamos.

—Pero ¿por qué gritar cuando la otra persona está a tu lado? —preguntó el sabio—. ¿No es posible hablarle en voz baja? ¿Por qué gritas a una persona cuando estás enojado?

Los hombres dieron algunas otras respuestas, pero ninguna de ellas satisfacía al sabio.

Finalmente, él explicó:

Cuando dos personas están enojadas, sus corazones se alejan mucho. Para cubrir esa distancia deben gritar para poder escucharse. Mientras más enojados estén, más fuerte tendrán que gritar para escucharse uno a otro a través de esa gran distancia.

Luego el sabio continuó:

—¿Qué sucede cuando dos personas se enamoran? Ellos no se gritan, sino que se hablan suavemente. ¿Por qué? Sus corazones están muy cerca. La distancia entre ellos es muy pequeña.

El sabio sonrió y dijo:

—Cuando se enamoran más aún, ¿qué sucede? No hablan, solo susurran y se vuelven aún más cerca en su amor. Finalmente, no necesitan siquiera susurrar, solo se miran y eso es todo. Así es cuan cerca están dos personas cuando se aman.

Luego dijo:

—Cuando discutan, no dejen que sus corazones se alejen, no digan palabras que los distancien más, puede llegar un día en que la distancia sea tanta que no encuentren más el camino de regreso...

204

«Menos ego y más hago», le escuché decir a Reynaldo. Me dije que iba a usar esta frase de disparador, y ahí fui. Reconozco que si practicara tiro al blanco estaría bien jodido.

Para terminar con la descalificación al que piensa diferente, debemos empezar por casa. Nuestros hijos aprenden por imitación.

Los tiempos políticos que vivimos se basan en la descalificación, en culpar al otro.

Con tantas necesidades, nos preocupamos por conseguir lo inmediato y nos distraemos de lo importante. Todos sabemos que un kilo de carne cuesta más que un sueldo mínimo. Pero ¿cuánto cuesta no respetarnos?

Tenemos que demostrar en casa que a los acuerdos se llega por la vía del diálogo. Respetándonos en las diferencias. Nuestros niños deben saber que las cosas no se arreglan por la vía de la violencia, de la amenaza, del insulto defenestrado al otro. Buscando culpables en vez de soluciones.

Y nosotros también aprendamos, que si nos la pasamos peleando y maltratando al otro nuestros hijos se cansan, pierden el interés, no quieren saber nada de nosotros. Incluso muchos se van.

Seguramente algún hijo se dará cuenta de que así no se puede, les dirá a los otros y entre ellos nos van a educar haciendo, no diciendo. Nos van a formar y van a formar una nueva generación de padres con los cuales valga la pena vivir.

205

No existe forma de justificar el maltrato hacia un niño, GOLPEAR A UNA CRIATURA ES DELITO.

Tanto el maltrato físico como verbal dejará rastros en nosotros el resto de nuestras vidas. Sé lo que les digo porque lo viví, todavía puedo sentirlo a flor de piel. Mi madre me daba con la chola para educarme (ojo, no la justifico ni la culpo, solo supongo que, en su ignorancia, eso estaba bien). Debo reconocer que me amaba profundamente.

Pero el peor de los errores era que autorizaba a otros a hacerlo, recuerdo que le decía a la maestra: «Si se porta mal, le da un chirlo (lepe) o un buen tirón de oreja».

Y alguna maestra le hacía caso + IVA, me daba palo para que tuviera, retuviera, guardara y acumulara. ¿Cómo le decía yo a mi mamá que esta tipa me golpeaba si el hecho de que ella me golpeara era símbolo de que yo era un «tremendo»?

En el pasado creían que la mano dura forjaba el carácter y eso garantizaba que nosotros creciéramos con disciplina. Entonces no solo los padres educaban con chirlos, manotazos, obligándonos a ingerir forzosamente una comida, lavando la boca con jabón, pellizcos, una ramita, un cinturón, también los profesores nos tiraban las orejas, jalaban de los pelos, obligaban a permanecer en posiciones incómodas y, si no podíamos, nos daban reglazos.

Una vez me enteré de que esta mujer estaba enferma, que por un largo tiempo no podría dar clase. Recuerdo que cada noche le rezaba a Dios pidiéndole que no se curara.

Hay que tener mucho cuidado a quién le entregamos el poder sobre nuestros hijos, es muy duro que un hijo no pueda confiarte lo que le pasa. Consideramos que lo que hace el niño es inaceptable y se le emplea un castigo mucho más inaceptable.

Nos escandalizamos —y ESTÁ BIEN— cuando un policía hace excesivo uso de la fuerza para detener a un delincuente. Debes ir preso si golpeas a una mujer, incluso existe el Día Internacional de la Eliminación de la Violencia contra la Mujer cada 25 de noviembre para denunciar este acto salvaje que sufren las mujeres en todo el mundo, y para reclamar políticas en todos los países para su erradicación. Podemos ver día a día cómo se lapida en la plaza pública del internet a los maltratadores de animales. Pero todavía se puede escuchar «un buen chirlo a tiempo...» ¿En qué nivel tenemos a nuestros hijos que se puede contar con orgullo los excesos que tanto hombres como mujeres ejercen sobre ellos?

«Está claro que la forma de sanar la sociedad de la violencia y de la falta de amor es reemplazar la pirámide de dominación con el círculo de la igualdad y respeto.»

Manitonquat

206

Ya lo cité antes, pero creo preciso recordar lo que decía Goethe: «Quién no es curioso, no aprende nada».

Si tu niño es curioso, genial; si no lo es, ayúdalo a ser curioso y a maravillarse. Vamos a motivarlo para que tenga deseos de conocer más, de aprender. La curiosidad es deseo de indagar en la vida, de aprender, de descubrir el mundo.

Nosotros, los padres inseguros, somos los que intentamos obviar algunos temas o los rotulamos como tabú. No los evitemos, porque se van a ir a buscar esas respuestas a otro lado.

Mi psicóloga, que es psicóloga y madre, lo cual es genial, me aconsejó: «Hay que responderles siempre las preguntas a los niños. Saciar las dudas que tienen sobre el tema, pero tampoco exageres. Ni más ni menos de lo que preguntan».

207

Los padres nos desesperamos para mostrar las virtudes y talentos de nuestros hijos cuando son pequeñitos, incluso antes de nacer.

Un amigo que está embarazado me dijo.

—Cuando ella se baña con agua caliente, el bebé se mueve de allá para acá, si tú vieras.

«¿Si tú vieras?». Coño, sería raro, ¿no?

Otra vez voy a visitar unos amigos y a los 10 minutos la mamá dice que la niña ya sabe algunas palabras:

—Lorena, dile chauuuu al tío.

¡Incóóóómodo!!! Si querés que me vaya...

Una vez voy a una reunión con uno de estos amigos que quieren mucho a los animalitos, y me dice:

—Porfa, que no gatee, mi perro está en celo y...

—Chauuu, me voy.

208

«Te voy a contar una historia y vos me decís qué pensás», me dice mi Camila, de casi 13 años.

Un niño se sienta en la mesa con su papá y le dice:
—Papá, soy gay.
El padre, todo alarmado, le comenta:
—¿Estás seguro, hijo? ¿Has estado con una chica? De-
berías probar primero, tal vez solo piensas que eres gay y
cuando estés con una chica te das cuenta que no es así, que
te gustan las mujeres.

—¿Qué piensas de esto, papá? —pregunta Camila.

—Bueno, hija... vos sabés, no me parece razonable... El papá le habla desde el cariño... se preocupa porque su hijo esté claro. Es importante porque...

No encontraba las palabras exactas, estaba sorprendido, entonces ella me dice: «Te cuento otra historia a ver qué te parece».

Un niño se sienta en la mesa con su papá y le dice:
—Papá, soy heterosexual.
El padre le comenta:

—¿Estás seguro, hijo? ¿Has estado con un chico? Deberías probar primero, así sea un dedito, tal vez te guste. Entonces te buscas un noviecito para profundizar, a lo mejor solo piensas que eres hetero y cuando estés con un chico te das cuentas que no es así.

Lo cuento acá y todavía trago grueso.

209

«Cuando me marché de mi casa, niño aún, mi madre me acompañó a la estación, y cuando subí al tren me dijo: "Este es el segundo y último regalo que puedo hacerte, el primero fue darte la vida y el segundo, la libertad para vivirla".»

Facundo Cabral

Después de 6 meses de desespero, la mañana del 15 de enero aterrizamos con Ale y Paulina en Costa Rica para visitar a Cami y Marce. Realmente fue uno de los momentos más felices que he vivido, esos felices con los ojos siempre inundándose de lágrimas. Tener la posibilidad nuevamente de jugar con ellos, abrazarlos, bailar, reír, charlar, prepararles el desayuno fue impagable.

También me di cuenta de que necesitaba ver cómo vivían. Jamás dudé que la mamá quería lo mejor para ellos, pero por oposición estaba convencido de que lo mejor para ellos era vivir en Caracas cerca de los dos. A la madre no le funcionaban las cosas en Venezuela y encontró una gran posibilidad afuera de hacer lo que le gusta, de sentirse realizada.

Costa Rica es un gran país para los niños, tiene un buen sistema de educación y salud público, cada 500 metros hay un bonito parque público donde los niños pueden relacionarse, leyes que los amparan. Y los ticos son realmente amigables, mucha gente se puso a la orden por si el día de mañana necesitaban algo.

En esas tres semanas, encontré tranquilidad y la convicción de que Cami y Marce son chamos felices, que serán adultos sabedores, porque lo han visto en sus padres, de que por más que cueste en algunos momentos, vale disfrutar la vida.

La tecnología juega a favor. Desde que subieron al avión todos los días nos mandamos mensajitos, charlamos, les digo cuánto los quiero y lo importante que son para mí. Sé que estoy lejos, intento estar accesible, no quiero ser un papá distante.

En los momentos de dolor, como cuando escribo esto, solo me consuela saber que me hubiera gustado tener un padre como el que intento ser yo.

Los amo, hijos, sé que estamos juntos. Cierro los ojos, nos apapachamos los cinco, los lleno de besos y comienza la guerra de almohadas.

210

¡Feliz cumpleaños, hija! ¡Mi hija grande!

Empiezo a escribirte y empiezo a llorar, siempre soñé y deseé tenerte en mis brazos PARA DECIRTE TODO LO QUE TE AMO, LO ORGULLOSO QUE ESTOY DE VOS, LO QUE TE QUIERO Y ADMIRO, HIJA MÍA. (Por alguna razón se escribió en mayúscula).

Por alguna razón también siempre quise y quiero tener hijos independientes. Estoy seguro que el mayor hecho de amor, el más difícil, es darle libertad a quien amas.

Te veo tan grande, hija, vas a entrar a vivir una etapa tan bonita, tan caótica, tan llena de «te amo» y de «te odio», tan pasional, hija. Con miedos que nos paralizan, pero con la valentía de enfrentarlos y saber que se puede.

Diviértete mucho, hija, sé responsable contigo, haz feliz a Camila. Báilala, cántale, paséala, abrázala, ámala, léele libros, dile cosas bonitas. Tú, hija mía, eres lo más importante para ti.

Quiere a mamá, abrázala y díselo. Ella quiere lo mejor para vos, incluso cuando te regaña y te dice que dejes de estar pegada al teléfono. Créeme que yo no dudo que quiere lo mejor para ustedes, aunque no esté de acuerdo en muchas cosas o en muchas formas.

Si estuvieras conmigo, yo también tendría que tomar decisiones que no los complacerían, pero esas decisiones, hija, también se hacen desde el amor.

Ama a Marce y díselo, hija, muchas veces. Él te ama inmensamente, te admira, te quiere por montón. No esperes por respuesta un «te amo» igual a los tuyos; tal vez te responda con un almohadazo, con un «saaaaaall», los varones somos muy boludos emocionalmente y en especial a esa edad nos da pena. O por lo menos yo lo era.

¡Te AAAAMOOO, Cami! ¡Mucho, hijucha, muchooo! Sé que vas a ser una niña muy feliz, plena. Eso no significa que no vas a tener problemas, que no vas a llorar, a tener rabietas.

Quiero que sepas que yo siempre voy a estar, no como yo quisiera y seguramente no como vos quisieras, hija mía, pero voy a ESTAR.

Llámame, escríbeme, soy tu papá más allá de la distancia y te amo enormemente, hija mía. Eres muy inteligente, Cami, y no te lo digo por las notas del colegio, hija, te lo digo porque se te nota como ser humano.

A disfrutar de este nuevo año. El 13 es el de la suerte, a disfrutar de la vida, hija.

Te amo de acá al cielo ida y vuelta, hija.

Papá

211

Cuando tu mamá me dijo: «¿Viste lo que está en el espejo del baño?», sonreí, porque, aunque no sabía qué era, realmente sabía qué era. ¿Podés creer que ese día me había levantado tempranito para salir a correr y no vi el cartel que tu madre me había dejado pegado en el espejo? Es más, no lo vi al terminar de bañarme. Igualmente, cuando me lo dijo supe que eras vos, de verdad, no había dudas.

¿Sabes que empezamos a buscarte 2 meses antes? Llegué a pensar «este carajito no me querrá de padre, ya la habré cagado tanto con sus hermanitos que dirá "ni de vaina voy con ese tipejo"». Reconozco que soy el que se come las chucherías de tus hermanos cuando se pierden, pero comprende que es solo para cuidarlos, eso les puede hacer doler el estomaguito. ¿Entendés?

Te estoy recriminando en vez de agradecerte. Disculpa, intentaré que no vuelva a suceder. ¡Buenas rumbas organizamos! Gracias por tardar, estuvo bueno, lindas festicholas de apareamiento. Me imagino que tal vez te apuraste al final, sentiste la presión cuando tu mamá la perdió y le atacó lo de pensar que ya no podría quedar embarazada. Comprensible, «mamá es mamá». (Esta frase de Pinterest que no dice nada ¡dice tanto! Acostúmbrate, todavía la humanidad dice cosas que no dice pero que están implícitas, entonces lo dice sin saber que lo dice cuando lo está diciendo.)

Hijo, estamos listos para disfrutarte y enseñarte a pasarla súper. No es tan complejo, la vida es simple pero los grandotes la complicamos. De hecho, estaré atento a lo que haces porque quiero aprender de ti a maravillarme con las cosas estúpidas (ok, no son estúpidas, disculpa), a preguntar sin vergüenza, a ser auténtico, a levantarme las veces que haga falta, a tener muchos amiguitos e ilusionarme cuando me invitan a jugar.

Seguro estás enterado de que el mundo está hecho un ocho con lo de la pandemia, no le pares, no es para tanto, bueno sí. No, no, no... yo me entiendo.

Fíjate que ahora la casa, desde que sembramos los girasoles (por lo de la fertilidad), está llena de mariposas, hay ardillas y pajaritos por todos lados. Nos la pasamos jugando juntos, con Pauli fabricamos un tobogán y un columpio. La vas a pasar genial.

Si algún día te digo «Cami», «Marce» o «Pauli» no es porque estoy muy ñoño, es porque los amo por igual.

Me has puesto a pensar muchas cosas. Un ejemplo, tengo que hacer ejercicio porque si no me va a costar llevarte a cococho cuando tengas 10 años, es que soy un papabuelo y ahí está lo bueno, según Aristóteles.

Aristóteles era un filósofo, los filósofos son señores con barba y tiempo para pensar lo que nadie piensa. Él dijo: «Lo que tenemos que aprender, lo aprendemos haciéndolo», y la gente dijo «qué arrecho este tipo». Después John Dewey lo perfeccionó y dijo: «Se aprende haciendo y repitiendo», y todos aplaudimos y le dijimos: «sos un *crack*», un capo el tipo.

Así que coronaste, Bernardito, ya la cagué suficiente con tus hermanos. Gracias a Cami sé que «sentarte a reflexionar» como enseñaban los libros más *cool* antes es un castigo disfrazado y que no funciona, porque ningún niño reflexiona en la silla de pensar, solo se siente humillado. Gracias a Marce sé que levantar la voz y hablarles fuerte es gritar con buen mercadeo, y que es horrible que te metan gato por liebre.

Igualmente, no te ilusiones con que ya estamos clarísimos, solo intentamos mejorar. Es un toque complejo ser padre, tal vez acá aplica eso de «la vida es simple pero los grandotes la complicamos».

Pauli está tan ilusionada con su hermanito, ella dice que tú le bailas desde el vientre de mamá, por eso te besuquea, baila, cuenta cuentos. La otra noche, cuando te hicimos el *show* de magia con ellas, estabas de un contento, te movías, celebrabas con pataditas.

Hablando de eso, cuando hoy mamá me abrazó por la espalda sentí cómo te arrullabas contento entre los dos. Aunque existe la opción de que fueran empujoncitos de celos y ahí sí estás en un peo, chamito. Porque tú mamá sigue siendo mi novia e incluso la mamá de Pauli, así que pa'la cola.

Ella está feliz preparando tu llegada, te compró ropita, pañalera, carrito, cuna, bañera nueva... Yo sé que vos estarás pensando, pero si ella estaba guardando todo lo de Paulina para mí, incluso cuando lo compro pensó en un color unisex, por eso, hace tres años tiene un cuarto lleno de peroles. Bueno, qué te puedo decir «mamá es mamá».

Ya queda poco para que nos veamos cara a cara, hijo, te juro que daremos lo mejor de nosotros para hacerte feliz, porque solo saber de tu llegada nos ha hecho inmensamente felices. Fantaseo con que a fin de año podamos ir a ver a Cami y Marce a Costa Rica. Ellos te aman, andan ansiosos preguntando por vos, quieren ver videos de cuando vamos a la doctora. Marce de una supo que eras un hermanito. Prepárate, te va a enseñar todo lo que sabe sobre los Pokemon, y sabe buuuuuuuurda.

Después iremos a ver a la abuela Elba en Argentina. Pauli todavía no ha podido abrazarla y decirle cuánto la quiere. La abuelita es la vocecita esa que te dice «el beibi», que te manda besitos y te dice un montón de cosas que no se entienden. Ojo, la abuela no es filósofo, aunque podría serlo, ella es así porque «mamá es mamá» y «abuela es abuela».

Bienvenido a nuestras vidas, hijo, y gracias por dejarnos ser parte de la tuya.

212

¿Por qué quedarme en Venezuela?

Sin duda, porque quiero y porque la quiero. Soy un ciudadano del mundo enamorado de este suelo. Porque la mujer que amo, ama estas tierras. Por los amigos que siempre están. Porque descubrí que es mi lugar en el mundo. Porque tiene el clima que amo. Por sus bellezas naturales. Por el cocuy y el ron. Por el marrón oscuro, los tequeños y las cachapas. Porque brindamos con la izquierda para que se repita y nos miramos a los ojos para tener buen sexo.

Los que nos quedamos en Venezuela nos quedamos a construir, a demostrar que existe otro país posible y que lo estamos construyendo desde ya. Me importa un culo los que te dicen: «En Cuba, en Corea del Norte también creen lo mismo desde hace 50 años».

Claro que vivimos momentos de dolor, de decepción, bronca, arrechera, por la situación país. Esto no es puro romanticismo o utopía barata. Lo veo todos los días. Claro, decidí buscarlos, las personas, los buenos momentos, y por eso los encuentro, nos encontramos y nos llenamos de ganas.

El mundo ha superado vainas aparentemente insuperables, miles de guerras, esclavitud, racismo, enfermedades, hambrunas, plagas, pandemias (en el momento que escribo esto ya existe vacuna para el COVID, claro, en otras partes del mundo). Supuestamente hasta un diluvio hemos superado, ¿por qué nos vamos a resignar?

Para cada problema, una solución; y esta vez no será la excepción. Somos los responsables de nuestro bienestar. ¡Por eso seguimos! ¡Porque vale la pena! ¡Porque no nos van echar! ¡Porque somos un montón! Muchos más que el puñado de delincuentes que se disputan el poder.

Ya decía Margaret Mead: «Nunca dudes que un pequeño grupo de ciudadanos pensantes y comprometidos pueden cambiar el mundo. De hecho, son los únicos que lo han logrado».

Muchos lo deseamos y lo construimos. Día a día trabajamos para vivir mejor.

Tal vez estemos construyendo un castillo de arena en una playa con mucho viento, pero de caída en caída hemos encontrado estrategias que podemos seguir usando y otras por descartar. Y también somos sabedores de que cambiaremos esta tempestad por otro viento más plácido. Sé que nos costará, pero lo vamos a lograr. Lo sé porque a los Quijotes, cuando nos encontramos, se nos enciende un brillo en los ojos y una sonrisa que denotan nuestras ganas.

Despedida

Llegó el momento de despedirme, de terminar este viaje. Igualmente, quedo a la orden desde mi Instagram @DomingoMondongo para cualquier comentario, duda o pregunta.

Te voy a pedir un gran favor, porque no hay mejor publicidad que el boca en boca, así que, si te gustó el libro, por favor escribe una bonita opinión en la reseña de Amazon, recomiéndalo. Y si no te gustó... mira, si no te gustó no digas nada, hacete el looooco, deja que se clave otro.

Mi intención fue mostrarte cómo vivo la paternidad para que solo tomes lo que te sea útil. También se aprende de los malos ejemplos; eso sí, depende del aprendiz.

Quiero enamorarte de tus hijos, de tu pareja, de tus padres, de la vida. Estoy convencido de que para ser buen padre es necesario respetar y respetarse, querer y quererse, valorar y valorarse. Esto te lo digo y me lo digo y me lo repito: hay que escuchar con el oído y con el alma. Saber escuchar implica aceptación y respeto por lo que te dicen, para luego transformarlo en conocimiento.

Llenarse de deseos de aprender para poder enseñar. Sé por acierto y por error que es obligatorio hacerlo desde el cariño, con autoridad no se educa, se adiestra. Aunque también es verdad que «perderla» un día no te vuelve mal padre.

Educar significa brindar las herramientas que necesitan nuestros niños, para que después ellos solos sean capaces de construirse la mejor de las vidas que les sea posible. Es necesario que comprendan las razones, aprenderán por experiencia o por enseñanza, nosotros estaremos con ellos para brindarles seguridad, para que tengan las herramientas a su alcance. Nuestros hijos empiezan a confiar en ellos cuando lo intentan y creen en sí mismos cuando lo logran.

A veces los padres, en especial los más autoritarios, enseñan diciendo y requetediciendo y repitiendo mil veces el «escúchame», «te lo estoy diciendo», «te estoy hablando».

¿Y uno se escucha lo que dice?, ¿cómo lo dice?

Yo sé que tú vas a ser un buen papá, no porque yo tenga la receta, sino porque te interesa ser buen padre, por eso buscas informarte, formarte y deformarte de viejos paradigmas. Estoy claro que solo eso no alcanza, pero ese es el cimiento sobre el cual nos edificaremos.

Hay costumbres que recuerdo de mi infancia que considero bellas, entonces las reciclo y potencio. Siempre a la hora de dormir mi madre me preguntaba: «¿Qué aprendiste hoy?». Incluso a veces le sumaba: «¿Y para qué sirve?» o «¿cómo se usa?»

Una vez, como ya conté antes, repitiendo el ritual que hacía cada noche, le pregunté a Cami (5 años) y ella me contestó lo que había aprendido. Al terminar, cuando estaba besando su frente, me dijo:

—Papá... ¿y vos qué aprendiste hoy?

Wow... «¿y vos qué aprendiste hoy?»

«¿Y uno se escucha lo que dice?, ¿cómo lo dice?».

Acá sigo, aprendiendo de ellos. Queda mucho camino por andar.

Y vos, ¿qué aprendiste hoy?

Jorge Parra

Mejor conocido como Domingo Mondongo. Es padre, novio, payaso, coach gerencial, conferencista, emprendedor y humorista.

Fundador y CEO de la Escuela de Humor, el principal espacio para la formación de humoristas en Venezuela, que en alianza con el CIAP de la UCAB ofrece el primer diplomado de humor en stand up comedy en Hispanoamérica. Fundador de Improvisto, un grupo de improvisación teatral actualmente con sede en Venezuela, Chile, España y México. Fundador de Doctor Yaso, la primera franquicia social de payasos de hospital con 23 sedes en Venezuela y en otros 4 países.

Se ha presentado a lo largo de toda Latinoamérica, España y los Estados Unidos con sus shows. Actualmente, a través de sus conferencias y talleres difunde la filosofía de «Alegría productiva» en el mundo empresarial.

@DomingoMondongo

mondongo29@gmail.com

www.laescueladehumor.com

Índice

Made in the USA
Coppell, TX
24 January 2022